谢作黎　曾宣伟　主编

走近丰子恺100课

中

群言出版社
QUNYAN PRESS
·北京·

图书在版编目（CIP）数据

走近丰子恺 100 课 . 中册 / 谢作黎，曾宣伟主编 . --
北京：群言出版社，2022.9
ISBN 978-7-5193-0719-6

Ⅰ. ①走… Ⅱ. ①谢… ②曾… Ⅲ. ①素质教育—小学—教学参考资料 Ⅳ. ①G621

中国版本图书馆 CIP 数据核字（2022）第 048576 号

责任编辑：张文斌
封面设计：李士勇

出版发行：群言出版社
地　　址：北京市东城区东厂胡同北巷 1 号（100006）
网　　址：www.qypublish.com（官网书城）
电子信箱：qunyancbs@126.com
联系电话：010-65267783　65263836
法律顾问：北京法政安邦律师事务所
经　　销：全国新华书店

印　　刷：北京九天鸿程印刷有限责任公司
版　　次：2022 年 9 月第 1 版
印　　次：2022 年 9 月第 1 次印刷
开　　本：787mm × 1092mm　1/16
印　　张：12
字　　数：180 千字
书　　号：ISBN 978-7-5193-0719-6
定　　价：79.80 元

《走近丰子恺100课》编委会

顾　问　章胜阔　王德平　杨子耘　董建生

主　编　谢作黎　曾宣伟

副主编　金　静　朱植珊

编　者　（按姓氏音序排列）

陈金兵　陈　静　陈　娜　丁　阳　高　蕾

胡丹弘　胡蘅蘅　倪伟娣　孙　静　沈恬恬

汪湖瑛　王纯丛　翁　楠　姚　珏　袁恩东

2020年9月22日，国家天文台将1998年11月9日在兴隆观测站发现的一颗小行星正式命名为“丰子恺星”，国际永久编号为79811。能够获得小行星命名是世界公认的一项特殊荣誉，这是社会对丰子恺先生艺术思想、文化成就、卓越贡献和人格魅力的高度褒奖。

丰子恺先生是中国现代著名散文家、画家、书法家、翻译家和美术、音乐教育家，也是中国新文化运动的启蒙者之一。他是浙江嘉兴桐乡石门镇人，而祖籍则是金华市婺城区汤溪镇黄堂村。1996年，丰先生的女儿丰一吟等人回祖籍地，归宗黄堂。

2013年，一所九年一贯制学校（金华市金西丰子恺学校）在汤溪镇诞生，当时隶属省一级重点中学汤溪中学管理。2018年，学校独立设置，由上海新纪元教育集团管理，更名为上海新纪元金华丰子恺学校。此次更名意在从当地名人文化资源中汲取营养，坚定学校特色发展之路，体现学校勇担文化传承的责任与使命，也寄托了一种教育愿景——用丰子恺先生作品的光芒照亮每一个孩子前行的道路，让作品中的美与精神成为信息化时代孩子们心中永恒的温暖星空。

学校以丰子恺先生“努力惜春华”一画题为校训，以“一馆一轩两社100课”架构丰子恺文化特色课程。“一馆”即丰子恺纪念馆，投资80万元，占地近300平方米；“一轩”即丰雅轩，是学校图书馆及教师研习所；“两社”即丰子恺书画社和丰子恺文学社，是培养学生兴趣和特长的平台；“100课”即本课程，分上中下三册，分别供一至三年级、四至六年级、七至九年级学生使用。

本课程采用融入式课程理念进行编写，将丰子恺作品与中小学语文、美术、音乐、道德与法治等课程中的内容建立起意义连接，选择适当的知识点，再根据学生的认知规律和经验构建学习转化体系。这个过程既强化了国家课程（义务教育教科书）的学习功能，又使校本课程的学习获得了生长的空间和血液。

本书所引丰子恺先生文章均依据浙江文艺出版社和浙江教育出版社于1990年出版的《丰子恺文集》作了统一校订。本书编写工作量浩大，限于编者水平，不足之处在所难免，敬请批评指正。本书的编写得到丰子恺先生后人杨子耘等的帮助和支持，在此一并致谢！

目录 CONTENTS

第1课

钱江看潮记

还记得四年级上册课文《观潮》吗？想一想课文是如何描写钱塘江大潮的？请你以“钱塘江大潮”为主题，搜集一些名家名篇或诗作，摘录好词好句，感受钱塘江大潮的雄伟壮观。

学习活动

钱江看潮记

丰子恺

阴历八月十八[1]，我客居[2]杭州。这一天恰好是星期日，寓中来了两位亲友，和两个例假返寓的儿女。上午，天色阴而不雨，凉而不寒。有一个人说起今天是潮辰，大家兴致勃勃起来，提议到海宁看潮。但是我的左足趾上患着湿毒，行步维艰[3]还在其次；鞋根拔不起来，拖了鞋子出门，违背新生活运动，将受警察干涉。但为此使众人扫兴，我也不愿意。于是大家商议，修改办法：借了一只大鞋子给我左足穿了，又改变看潮的地点为钱塘江边，三廊庙。

我们乘义渡过江，走尽了码头，果然看见这座楼上挂着茶楼的招牌，我们欣然登楼。走上扶梯，看见列着明窗净几，全部江景被收在窗中，果然一好去处。茶客寥寥[4]，我们六人就占据了临窗的一排椅子。我回头喊堂倌：“一红一绿！”堂倌却空手走过来，笑嘻嘻地对我说：“先生，今天是卖坐位的，每位小洋四角。”我的亲友们听了这话都立起身来，表示要走。但儿女们不闻不问，只管凭窗眺望江景，指东话西，有说有笑，正是得其所哉。我也留恋这地方，但我的亲友们以为座价太贵，同堂倌讲价，结果三个小孩子

“马马虎虎”，我们六个人一共出了一块钱。先付了钱，方才大家放心坐下。

我们来得太早，潮水要三点钟才到呢。到了一点半钟，我们才看见别人陆续上楼来。有的嫌座价贵，回了下去。有的望望江景，迟疑一下，坐下了。到了两点半钟，楼上的座位已满，嘈杂异常，非复吃面时可比了。我们的座位幸而在窗口，背着嘈杂面江而坐，仿佛身在泾渭界⑤上，另有一种感觉。三点钟快到，楼上已无立锥之地。后来者无座位，不吃茶，亦不出钱。我们的背后挤了许多人。回头一看，只见观者如堵。有男有女，有老有少，更有被抱着的孩子。有的坐在桌上，有的立在凳上，有的竟立在桌上。他们所看的，是照旧的一条钱塘江。久之，久之，眼睛看得酸了，腿站得痛了，潮水还是不来。大家倦起来，有的垂头，有的坐下。忽然人丛中一个尖锐的呼声：“来了！来了！”大家立刻把脖子伸长，但钱塘江还是照旧。原来是一个母亲因为孩子挤得哭了，在那里哄他。

江水真是太无情了。大家越是引颈等候，它的架子越是十足。这仿佛有的火车站里的卖票人，又仿佛有的邮政局收挂号信的，窗栏外许多人等候他，他只管悠然地吸烟。

三点二十分光景，潮水真个来了！楼内的人万头攒（cuán）动⑥，像运动会中决胜点旁的观者。我也除去墨镜，向江口注视。但见一条同桌上的香烟一样粗细的白线，从江口慢慢向这方面延长来。延了好久，达到西兴方面，白线就模糊了。再过了好久，楼前的江水渐渐地涨起来。浸没了码头的脚。楼下的江岸上略起些波浪，有时打动了一块石头，有时淹没了一条沙堤。以后浪就平静起来，水也就渐渐退却。看潮就看好了。楼中的人，好像已经获得了什么，各自纷纷散去。我同我亲友也想带了孩子们下楼，但一个小孩子不肯走，惊异地责问我：“还要看潮哩！”大家笑着告诉他：“潮水已经看过了！”他不信，几乎哭了。多方劝慰，方才收泪下楼。

我实在十分同情于这小孩子的话。我当离座时，也有“还要看潮哩！”似的感觉。似觉今天的目的尚未达到。我从未为看潮而看潮。今天特地为看潮而来，不意所见的潮如此而已，真觉大失所望。但又疑心自己的感觉不对。若果潮不足观，何以茶楼之中，江岸之上，观者动万，归途阻塞呢？以问我的亲友，一人云：“我们这些人不是为看潮来的，都是为潮神贺生辰来的呀！”这话有理，原来我们都是被“八月十八”这空名所召集的。怪不得潮水毫没看头。

（节选自《丰子恺文集·文学卷一》）

【注释】

①阴历八月十八：即农历八月十八，是“观潮节”，这是一个民间节日，流行于浙江杭州和嘉兴地区。

②客居：在外地居住。

③维艰：困难、不容易。

④寥寥：非常少。

⑤泾渭界：指泾水和渭水。常连用为泾渭分明，指界限分明。

⑥万头攒动：形容许多人聚集在一起。

活动一 文章末尾说：“我们这些人不是为看潮来的，都是为潮神贺生辰来的呀！”你知道浙江哪个民间传说故事说到“潮神”吗？讲一讲这个故事。

活动二 《钱江看潮记》中潮水之景平平淡淡，甚至篇幅甚少，而侧重于描写人的活动和感受。阅读文章，完成下列表格。

时间	主要事件	作者的心理
观潮前		
观潮时		
观潮后		

活动三 丰子恺异常珍视儿童的“天真无邪”，在他的作品中常常有很多“孩子气”的表现，你能在文中找出两处和大家分享交流吗？

学习拓展

扬州梦

丰子恺

在格致中学高中三年级肄业的新枚患了不很重的肺病，遵医嘱停学在家疗养。生活寂寞，自己发心乘此机会读些诗词，我就做了他的教师，替他讲解《唐诗三百首》和《白香词谱》，每星期一二次。暮春有一天，我教他读姜白石的《扬州慢》：

淮左名都，竹西佳处，解鞍少驻初程。过春风十里，尽荠麦青青。自胡马窥江去后，废池乔木，犹厌言兵。渐黄昏，清角吹寒，都在空城。　杜郎俊赏，算而今，重到须惊。纵豆蔻词工，青楼梦好，难赋深情。二十四桥仍在，波心荡冷月无声。念桥边红药，年年知为谁生。

这孩子兴味在于词律，一味讲究平平仄仄。我却怀古多情，神游于古代的淮扬胜地，缅想当年烟花三月、十里春风之盛。念到"二十四桥仍在"，我忽然发心游览久闻大名而无缘拜识的扬州，立刻收拾《白香词谱》，叫他到八仙桥去买明天到镇江的火车票。傍晚他拿了三张火车票回来。同去的是他和他的姐姐一吟。当夜各自准备行囊。

第二天下午，一行三人到达镇江。我们在镇江投宿，下午游览了焦山寺，认识了镇江的市容。下一天上午在江边搭轮船，渡江换乘公共汽车，不消两小时已经到达扬州。向车站里的人问询，他们介绍我们一所新开的公园旅馆。我们乘车投奔这旅馆，果然看见一所新造房子，里面的家具和被褥都是新的。盥洗既毕，斟一杯茶，坐下来休息一下。定神一想：现在我身已在扬州，然而我在一路上所见和在旅馆中所感，全然没有一点古色；但觉这是一个精小的近代都市，清静整洁；男女老幼熙攘往来，怡然操作，悉如他处；其中并无李白、张祜（hù）、杜牧、郑板桥、金冬心之类的面影。旅馆的招待员介绍我们到富春去吃中饭。富春是扬州有名的茶点酒菜馆，深藏在巷子里，而入门豁然开朗，范围甚广。点心和肴馔都极精美，虽然大都是荤的，我只能用眼睛来欣赏，但素菜也做得很好，别有风味。我觉得扬州只是一个小上海、小杭州，并无特殊之处。这在我似乎觉得有些失望，我决定下午去访大名鼎鼎的二十四桥。我预期这二十四桥能够满足我的怀古欲。

到大街上雇车子，说“到二十四桥”。然而年青的驾车人都不知道，摇摇头。有一个年纪较大的人表示知道，然而他忠告我们：“这地方很远，而且很荒凉，你们去做什么？”我不好说“去凭吊”，只得撒一个谎，说“去看朋友”。那人笑着说：“那边不大有人家呢！”我很狼狈，支吾地回答：“不瞒你说，我们就想看看那个桥。”驾车的人都笑起来。这时候旁边的铺子里走出一位老者来，笑着对驾车人说：“你们拉他们去吧，在西门外，他们是来看看这小桥的。”又转向我说：“这条桥从前很有名，可是现在荒凉了，附近没有什么东西。”我料想这位老者是读过唐诗，知道“二十四桥明月夜”的。他的笑容很特别，隐隐地表示着：“这些傻瓜！”

车子走了半小时以上，方才停息在田野中间跨在一条沟渠似的小河上的一爿小桥边。驾车人说：“到了，这是二十四桥。”我们下车，大家表示大失所望的样子，除了“啊哟！”以外没有别的话。一吟就拿出照相机来准备摄影。驾车的人看见了，打着土白交谈：“来照相的。”“要修桥吧？”“要开河吗？”我不辩解，我就冒充了工程师，倒是省事。驾车人到树荫下去休息吸烟了。我有些不放心：这小桥到底是否二十四桥？为欲考证确实，我跑到附近田野里一位正在工作的农人那里，向他叩问：“同志，这是什么桥？”他回答说：“二十四桥。”我还不放心，又跑到桥旁一间小屋子门口，望见里面一位白头老婆婆坐着做针线，我又问：“请问老婆婆，这是什么桥？”老婆婆干脆地说：“廿四桥。”这才放心，我们就替二十四桥拍照。桥下水涸，最狭处不过七八尺，新枚跨了过去，嘴里念着“波心荡冷月无声”，大家不觉失笑。

（节选自《丰子恺文集·文学卷二》）

活动一 阅读丰子恺的《扬州梦》，结合《钱塘江大潮》一文，在文中找出能表现丰子恺“孩子气”的细节。

第2课

猎 熊

四年级课文屠格涅夫的《麻雀》，你是否体会到母爱的伟大？许多动物世界的母爱故事同样让我们震撼。请你搜集表现“母爱”的小故事，分享给大家。丰子恺先生有不少文字表现“母爱”，下面我们就来读一篇吧！

学习活动

猎 熊

丰子恺

这一天正是阳春三月，风和日暖。猎人走出门来看看天色，就叫唤他的儿子，到山中去打猎。

两人走到一处山腰里，小猎人向小溪的上流眺望，忽然轻轻地叫道：“爸爸，你来看，这雪白的一团是什么东西？在那里动呢！”大猎人走到溪边向上流一望，说声：“啊哟，不得了！”原来是一只大白熊，坐在溪边饮水！

父子两人，大家装上枪弹，缓步低声，靠溪边的乱草掩护，悄悄地走向熊坐的地方去。

“砰”的一声，小猎人一枪弹正中在熊的项颈里。但见熊身略略颤抖，以后就兀坐不动。又是“砰”的一声，大猎人的枪弹正中在熊的肚皮上。但见一条鲜血，从伤口涌出，流到石上，在雪白的熊毛上画出一根根很粗很红的垂直线。但是那熊依旧兀坐石上，两前足伸起，如像一个人拜揖的样子，一动也不动。随后项颈里的创口也流出一条血来，又在雪白的熊毛上画出一根很粗很红的垂直线。两个猎人都觉得很奇怪。这两枪明明是致命伤，何以这熊不倒下去，却兀坐不动呢？

两个猎人走出茅草，向着熊一步一步的走近去。他们在溪岸上走，走到离熊约一百步的地方，站定了。向下望去，那熊好像冬天孩子们玩的雪菩萨[①]，一动不动地坐着。向侧面看看，创口里的血还不住地流出。大猎人大喊一声，熊如同没有听见。小猎人拾起一块石子，抛到熊的背上。熊不动。再拾一块更大的石子抛到熊的臀部。熊又不动。两个猎人就放心地爬下岸，走到熊的身边去细看。

一看，熊的两眼紧闭，似乎早已死去。两手捧着一块大石头，死不放手，好像和尚捧着经跪在佛前默祷的样子。猎人觉得非常奇怪，就在离开熊二三尺的地方大喊，又用枪柄敲熊的背脊。但熊仍是不动。猎人用枪柄抵他的身体。熊身太重，动摇不得。到这时候，猎人已不把它当作熊看，两人放下枪杆，走上前去，两手撑住熊的右侧，把熊的身体用力的推。推了好久，熊的身体方才向左倾倒，翻在溪水滩上。它的手里依然紧紧地抱着那块大石头。这可证明熊确已死了。但是，何以它绝不抵抗，咆哮，或挣扎，而死活抱住那块大石头呢？小猎人向大猎人看看，大猎人向小猎人看看，大家弄得莫名其妙。

大猎人忽见大熊坐的那块石头的旁边，有两只小白熊蹲在浅溪底上的石缝里找小动物吃。这两只小白熊比白兔大些，生得肥头胖脑，雪球似的，十分可爱！它们俩所蹲的地方，正在大白熊手里捧的大石头的底下。这时候，大猎人恍然大悟，长叹一声“啊——呦——”，摇头，悲恸掉下眼泪来。小猎人弄得莫名其妙，连问：“爸爸，究竟为什么？究竟为什么？”他也哭了起来。

大猎人指着浅滩上的石头说道：“你看：那边溪水深，小熊们渡不过去。大熊想把这边的大石头搬几块过去，好让小熊们爬过去找小动物吃。你看，它已经搬了两块去。它正在搬第三块的时候，你的枪弹就打中了它的项颈。这是致命伤，它一定很痛苦，想要挣扎了。但它手里捧着一块大石头，如果挣扎，必须把大石头放手；如果放手，大石头一定掉在小熊身上，而把小熊压死！因此，它忍着痛苦，紧紧地抱住大石头，不使它掉下去。它宁愿自己忍痛而死，舍不得把它的两个儿子压死！我们后来再开两枪的时候，其实它已经死了。只因它的爱子之心太坚，所以死了还能紧抱石头。你看，它现在被我们推倒了，两手还是紧抱着石头呢！啊，父母爱子之心，比石还坚，比死还强！”说着，父子两人大家哭起来。大白熊紧抱石头倒在一旁，一动也不动。两只小白熊还在浅溪里捉鱼虾吃，爬来爬去，十分可爱。它们全然没有知道它们的慈母已被人打死了！

父子两人对小熊看了一会，不约而同的大家蹲下去，每人抱了一只小熊，带回家去，好好抚养。父子两人把猎枪折断，从此不再打猎了。

（节选自《丰子恺文集·文学卷二》）

【注释】

①雪菩萨：雪人。

活动一 阅读文章，完成下列情节。

猎人父子到山中打猎____①____猎人父子枪击中了白熊，但白熊没倒____②____猎人父子把猎枪折断，从此不再打猎。

活动二 屠格涅夫在《麻雀》一文里把野麻雀描写得生动形象，如“势如飞石一般”描摹了老麻雀“飞”的情态，有力而迅速，把老麻雀的勇敢描写得淋漓尽致。又如“倒竖了全身的羽毛”“绝望而哀求的叫声”是对老麻雀惊惶万状而又不惜一切的具体描述，充分表现出老麻雀爱子心切，为救小麻雀不顾一切、愿意牺牲自己的崇高境界。

请你细读本文，拿起笔，抓住母熊的神态、动作、心理，入情入境描写母熊端坐不倒的瞬间。

2-2-1

活动三 有人对这篇文章提出了非议：1.《猎熊》文章结尾不真实，猎人是以打猎为生的，如果猎人都不打猎了靠什么生活？2.《猎熊》自相矛盾，不杀生，不吃动物和植物，那人不都饿死了？（摘自丰子恺《护生画集》第三集序）你是如何理解《猎熊》一文的？

学习拓展

（一）

猎人入山，以枪击母熊。中要害，端坐不倒。近视之，熊死，足抱巨石，石下溪中有小熊三，戏于水，所以死而不倒者，正恐石落伤其子也。猎人感动，遂终身不复猎。

（二）

猎人入山欲以枪击母狼面露哀容屈膝下跪大疑近视之身旁有幼子嗷嗷待哺所以曲身下跪者护子也猎人沉思良久枪响狼死

活动一 请给第（二）篇文言文加上标点符号。

活动二 阅读上面两篇文言文，说说两篇文章有哪些共同之处。

第3课

“九一八”之夜

1931年9月18日夜，在日本关东军安排下，铁道“守备队”炸毁沈阳柳条湖附近的南满铁路路轨（沙俄修建，后被日本所占），并栽赃嫁祸于中国军队。日军以此为借口，炮轰沈阳北大营，是为“九一八事变”。次日，日军侵占沈阳，又陆续侵占了东北三省。1932年2月，东北全境沦陷。此后，日本在中国东北建立了伪满洲国傀儡政权，开始了对东北人民的奴役和殖民统治，直至抗日战争结束。回顾五年级上册课文《难忘的一课》，进一步感受强烈的民族精神。搜集一些关于“手”的绘画作品，与同学交流。

学习活动

“九一八”[1]之夜

丰子恺

晚上，轮着图画教师秦先生监督自修。自治会干事林佩贞就应用她的辩才，提出一个及时的问题，她对秦先生说：“今天早上训育主任教我们‘不要忘记我们所处的决不是享乐的时代，而是刻苦奋斗的时代’，我觉得这话很不错。但同时我又觉得，当这刻苦奋斗的时代，我们似乎无暇去弄图画等赏心悦目的东西，为什么学校里还要教我们画画儿呢？这疑问请秦先生为我解释！”秦先生听了，双眉微蹙（cù）[2]，而口角上的微笑仍不消失，似乎对于这问题觉得很重大又很有兴味，暂时考虑着。自修室长吴文英是个极忠厚的好人，看见林佩贞排斥图画，而秦先生又半晌（shǎng）[3]无语，大约以为这位好先生被学生难倒了，很不自然，不待秦先生开口，先站起来说：

“我觉得林同学的疑问不成问题。因为图画也有很大的用处。譬（pì）如早上训育主任所讲的卧薪尝胆[4]，倘使把它描成图画，可以鼓励我们奋斗，图画正是奋斗的工具！”许多人都异口同声地说：“不错，不错！”

大家静了下来。秦先生从容地说道：“你们两人的话，大家都不错，同时大家都错。”听了这矛盾的评论，大家笑起来。秦先生继续说：“林佩贞说‘我们无暇去弄赏心悦目的东西’，吴文英说‘图画也有很大的用处’，说得都不错！但是，林佩贞认为‘图画是赏心悦目的东西’，吴文英认为‘图画是奋斗的工具’，观念就都错误了！”于是大家有所思虑，全体肃静无声了。秦先生提高了声音说：“现在我告诉你们两句话：第一，图画不仅是赏心悦目的东西，实是一种苦工。第二，图画的用处不在乎直接地用作奋斗的工具，乃在乎间接地修养人的心目，使人的生活健全。这两句话是图画学习的要点，大家必须记牢。”她举起一只手，对林佩贞说：“你以为图画都是全不费力的享乐么？现在我要你们描一只手，最常见的一只手，你们三十多人中一定没有一个人能描得完全‘正确’，若要描得正确，须放数年苦功下去。若要描得‘正确’而又‘美观’，须再放数年功下去。学图画的目的，就是要操练正确而又美观地描写一切物象的本领，岂不是一件苦工么？”大家伸起自己的手来细看，表示默认先生的话。

秦先生又向着室长吴文英说：“你以为有用的图画的用处是卧薪尝胆之类的画么？这种画原也有用处，但是用处太小。因为有许多意思和教训是无形的，是描不出的，你将怎么办呢？譬如我们现在要劝中国青年‘锻炼身体，学习功课，认识时势，决定行动’，倘（tǎng）用图画表出，一定吃力而不讨好。所以要直接拿图画去派用处，其用处一定太小。图画的大用处，在于间接的修养上。我们用苦功练习眼力、手力、心力，养成了能够明敏地观察，正确地描写，美满地表现的能力，然后拿这明敏、正确、美满的能力去应用在我们一切的生活上，使我们的生活同良好的美术品一样地善良，真实，而美丽。这便是图画的间接的用处，这才是图画的最大的用处。有了这最大的用处，别的小用处都跟了来。因为你学得了上述的能力，无论描卧薪尝胆，或者描博物图，描地图，都很自由。反之，不用苦功练习手、眼和心，而立刻要拿图画去直接派用处，你必然失败。现在我且问你：这里三四十人中，谁能凭空描出一幅像个样子的《卧薪尝胆图》来？不必说别的，就是单描勾践的一只手，恐怕也没有人描得正确呢！”讲台下发出一片满足的笑声，许多雪白的手又伸起来，在电灯底下辗转反侧地发光。

秦先生结束地说：“所以我告诉你们：我们现在所处的原是刻苦奋斗的时代，但美术研究决不可以废止。也不必硬拿美术去当作奋斗的工具，以致贪小失大。从今日起，我们大家应该刻苦练习我们的眼力、手力和心力，希望将来大家做个健全的国民，健全的人。到那时候我们还怕什么呢！”自修下课铃响出了，秦先生带着愉快的笑容退出我们的自修室。

（节选自《丰子恺文集·艺术卷三》）

【注释】

①“九一八”：日本在中国东北蓄意制造并发动的一场侵华战争，是日本帝国主义侵华的开端。

② 蹙（cù）：皱眉。

③ 半晌（shǎng）：半天。

④ 卧薪尝胆：形容一个人忍辱负重，发愤图强，最终苦尽甘来。

活动一 文章中有三个人谈了自己对于“图画作用”的理解，请你分别概括。

活动二 下列两句是秦先生的描写，请结合文章内容分析秦先生的形象。

（1）秦先生听了，双眉微蹙，而口角上的微笑仍不消失，似乎对于这问题觉得很重大又很有兴味，暂时考虑着。

（2）从今日起，我们大家应该刻苦练习我们的眼力、手力和心力，希望将来大家做个健全的国民，健全的人。到那时候我们还怕什么呢！

活动三 绘画是可以激发起强烈的民族战斗之情的。以下丰子恺的一幅抗战漫画，请你认真欣赏，尝试着把自己看完图后的感受描写下来，150字左右。

2-3-1

学习拓展

绘画之用

丰子恺

从前日本有一个名画家，画一幅立轴，定价洋六十元，画中只有疏朗朗三粒豆。有一个商人看见了，惊叹道：“一粒豆值洋二十元？！”

在展览会中，如果有人问我：“绘画到底有什么用？”我准拟答复他说：“绘画是无用的。”“无用的东西！画家何苦画？展览会何苦开？”“纯正的绘画一定是无用的，有用的不是纯正的绘画。无用便是大用。”

普通所见的画，种类甚多：纪念厅里的总理遗像也是画，教室里的博物挂图也是画，地理教科书中的名胜图也是画，马路周边的墙壁上的广告图也是画，然而这种都不是纯正的绘画。展览会里的才是纯正的美术的绘画。为什么道理呢？就为了前者是“有用”的，后者是“无用”的。

纪念厅里有总理遗像，展览会里也有人物画。但前者是保留孙中山先生的遗容，以供后人瞻仰的；后者并无这种目的，且不必标明是何人。博物挂图中有梅花图，吴昌硕的立幅中也有梅花图。然前者是对学生说明梅花有几个瓣，几个雄蕊与雌蕊的；而吴昌硕并不是博物教师。地理教科书中有西湖的风景图，油画中也有西湖的风景图。但前者是表明西湖的实景，使没有到过杭州的人可以窥见西湖风景的一斑；后者并不是冒充西湖的照片。大厦堂前的立幅，试问有什么实用？诸君手中的扇子上画了花，难道会多一点凉风？展览会里的作品，都是这类的无目的的、无用的绘画。——无用的绘画，才是真正的美术的绘画。

因为真的美术的绘画，其本质是“美”的。美是感情的，不是知识的，是欣赏的，不是实用的。所以画家但求表现其在人生自然中所发现的美，不是教人一种知识；看画的人，也只要用感情去欣赏其美，不可用知识去探究其实用。真的绘画，除了表现与欣赏之外，没有别的实际的目的。前述四种实例：遗像、博物图、名胜图、广告画，都是实用的，或说明的。换言之，都是为了一种实际的目的而画的。

所以这种都是实用图，都不是美术的绘画。但我的意思，并非说实用图都没有价值，我只是说，实用图与美术的绘画性质完全不同。看惯实用图的人，一旦走进展览会里，慎勿仍用知识探究的态度去看美的绘画。不然，就不免做出“一粒豆值洋二十元”的笑柄来。美术的绘画虽然无用（详之，非实用，或无直接的用处），但其在人生的效果，比较起有用的（详言之，实用的，或直接有用的）图画来，伟大得多。

（节选自《丰子恺文集·艺术卷二》）

活动一 阅读丰子恺的《绘画之用》，与《“九一八”之夜》进行比较。思考丰子恺的“绘画之用”与作品中人物秦先生的观点是否相同？

第4课

威武不能屈

京剧，是中国影响最大的戏曲剧种之一，分布地以北京为中心，遍及全国各地。京剧是中华民族传统曲艺文化的重要表现形式，其中的多种艺术元素被用作中国传统文化的象征符号。以梅兰芳命名的京剧表演体系被视为东方戏剧表演体系的代表，为世界三大表演体系之一。课外阅读叶君健《看戏》一文，学习作者描写梅兰芳表演艺术高超的手法。

学习活动

梅兰芳不朽

丰子恺

立秋日的傍晚，我正在饮酒的时候，女儿一吟神色沮丧地递给我一张新到的晚报，上面载着一个惊人的消息：梅兰芳今晨逝世！这仿佛青天一个霹雳，使我停止了饮酒。

这才华盖世的一代艺人，现在已经长逝了！我深为悼惜，因为我十分敬仰他。我之所以敬仰他，不仅为了他是一个才艺超群的大艺术家，首先为了他是个光明磊落的爱国志士。

抗战期间，我避寇居重庆沙坪小屋。这小屋简陋之极，家徒四壁，毫无装饰，墙上只贴着一张梅兰芳留须照片，是上海的朋友从报纸上剪下来寄给我的。我十分宝爱这张照片，抗战期间一直贴在墙上，胜利后带回江南，到现在还保藏在我的书橱中。

我欣赏这张照片，觉得这个留须的梅兰芳，比舞台上的西施、杨贵妃更加美丽，因而更可敬仰。在那时候，江南乌烟瘴气，有些所谓士大夫者，卖国求荣，恬不知耻；梅先生在当时只是一个所谓“戏子”、所谓“优伶”①，独有那么高尚的气节，安得不使我敬仰？况且当时梅先生已负盛名，早为日本侵略者所注目，想见他住在上海沦陷区中是非常困苦的。但他能够毅然决然地留起须来，拒绝演戏，这真是“威武不能屈”的大无畏精神，安得不使我敬仰？

现在，梅兰芳已经长逝了。然而他的美妙的艺术永远保留在唱片和电影片中，永远为人民大众所宝爱；他的爱国精神，永远给我们以教育。梅兰芳不朽！

（节选自《丰子恺文集·文学卷三》）

【注释】

① 优伶：戏曲演员。

威武不能屈
——梅兰芳先生逝世周年纪念

日月忽其不淹兮，春与秋其代序。

惟草木之零落兮，恐美人之迟暮。（《离骚》）

日月不居①，回忆去秋在兰心吊梅，匆匆又是一年。而斯人音容，犹宛在目前。春秋代序，草木可以零落，而此“美人”永远不会迟暮。只因此君不仅是个才貌双全的艺人，又是个威武不能屈的英雄。他的名字长留青史，永铭人心。

我是抗战胜利后才认识梅先生的。最初在上海思南路梅寓，后来在北京怀仁堂，最后在兰心大戏院灵堂瞻仰遗容。每次看到他，我总首先想起他嘴上的胡须。我觉得这不是胡须，这是英雄的侠骨。他身上兼备儿女柔情与英雄侠骨！

设想日寇侵占上海之时，野心勃勃，气势汹汹，有鲸吞亚东大陆之概。我中国人民似乎永无翻身之一日了。于是“士夫”之中，倒戈者有之，媚敌[2]者有之，所欲无甚于生者，不知凡几[3]。梅先生在当时一“优伶”耳，为“士夫”所不齿，独能毅然决然，蓄须抗战，此心可与日月争光！此人真乃爱国英雄！

梅先生以唱戏为职业，靠青衣生活。那么蓄须便是自己摔破饭碗，不顾生活。为什么如此呢？为了爱国。茫茫青史，为了爱国而摔破饭碗，不顾生活者，有几人欤？假定当时有个未卜先知的仙人，预先通知梅先生：一九四五年八月十日日寇一定屈膝投降，于是梅先生蓄须抗战，忍受暂时困苦，以博爱国荣名。那么，我今天也不写这篇文章了。然而当时并无仙人通知，而中原寇焰冲天，回忆当日之域中，竟是倭家之天下，我黄帝子孙似乎永无重见天日之一日了。但梅先生不为所屈，竟把私人利害置之度外，将国家兴亡负之仔肩。试问：非有威武不能屈之大无畏精神，曷（hé）克臻此[4]？

抗战胜利酬偿了梅先生的大志；人民解放彰明了梅先生的光荣。今后正期自由发挥其才艺，为人民服务，为祖国增光；岂料天不假年，病魔忌才，竟于去年秋风秋雨之时，与世长辞，使艺术界缺少了一位大师，祖国丧失了一个瑰宝，可胜悼哉！然而“英雄（人生）自古谁无死？留取丹心照汗青”，梅先生的威武不能屈的英雄精神，长留青史，永铭人心。春秋代序，草木可以零落，但此“美人”永远不会迟暮。梅兰芳不朽！

（节选自《丰子恺文集·文学卷二》）

【注释】

①居：停留

②媚敌：讨好敌人，向敌人献媚。

③不知凡几：不知道有多少。

④曷克臻此：怎么能达到这样的地步？

活动一 结合两篇文章，请你说说作者为什么要用“威武不能屈”作为文章的标题？

活动二 “……富贵不能淫，贫贱不能移，威武不能屈，此之谓大丈夫。”出自《孟子·滕文公下》。请你理解这句话。你能举出“大丈夫”的例子吗？

学习拓展

再访梅兰芳

丰子恺

去年梅花时节，我从重庆回上海不久，就去访梅博士。今年清明过后，我同长女陈宝、四女一吟，两个爱平剧（京剧）的女儿，到上海看梅博士演剧，因为陈宝和一吟渴望瞻仰伶王的真面目，所以我们再次拜访梅博士。

这回不告诉外人，不邀摄影记者同去，但托他的二胡师倪秋平君先去通知，然后于下午四时，同了两女儿悄悄地去访。刚要上车，偏偏会在四马路上遇见我的次女的夫婿宋慕法。因为他也爱好平剧，所以很想得识伶王的真面目。于是跟我们同去。

“青春永驻”，正好拿这四字来祝福我们所访问的主人。握手寒暄之间，我看见梅博士比去春更加年轻了。脸面更加丰满，头发更加青黑，态度更加和悦了。

我提出希望《洛神》能摄制有声有色的电影，使它永远地普遍地流传。我觉得这事在他是最重要的急务。我们弄书画的人，把原稿制版精印，便可永远地普遍地流传；唱戏的人虽有蓄音片，但只能保留唱工，要保留做工，非制电影不可。

话头转入了象征表现的方面。梅先生说起他在莫斯科所见投水的表演：一大块白布，四角叫人扯住，动荡起来，赛是水波；布上开洞，人跳入洞中，又钻出来，赛是投水。他说，我们的《打渔杀家》则不然，不需要布，就用身子的上下表示波浪的起伏。这使我回想起以前我在某处讲演时，无意中在黑板上画了一个人头而在听众中所引起的笑声。对于平剧的象征的表现，我很赞善，为的是与我的漫画的省略的笔法相似之故。我画人像，脸孔上大都只画一只嘴巴，而不画眉目。或竟连嘴巴都不画，相貌全让看者自己想象出来。这正与平剧的表现相似：开门，骑马，摇船，都没有真的门、马、与船，全让观者自己想象出来。想象出来的门，马，与船，比实际的美丽得多。好比我有时偶把眉目口鼻一一画出；相貌确定了，往往觉得不过如此，一览无余，反比不画而任人自由想象的笨拙得多。

………

我对梅博士是真心的敬爱，不得不“拜倒石榴裙下”（别人讥笑我的话）。我其实应该拜倒。“名满天下”，“妇孺[1]皆知”（别人夸奖我的话）的丰子恺，振华旅馆的茶房和账房就不认识。直到第二天梅先生到旅馆来还访了我，茶房和账房们吃惊之下，方始纷纷去买纪念册来求我题字。

（节选自《丰子恺文集·文学卷二》）

【注释】

①孺（rú）：小孩。

活动一 从本文看，作者敬爱“梅博士”还出于怎样的思想？

第5课

翡翠笛

清明到，吹麦哨。一节麦穗，很脆，轻轻一嚼，有股青涩的甜味。你鼓起嘴巴，瞿——，童年的声音开始在麦地的天空荡漾，故乡就这样吹进心里。乡村孩子们可以利用很多种植物的叶子、根茎制作音乐的器具，吹出属于自己生活发现的天籁之音。真的是艺术源于自然，自然是艺术的源泉，不知你有过这样的体验吗？

学习活动

翡翠笛

丰子恺

扫墓的船在一片油菜花旁的一枝桃花树下停泊了。大人们忙着搬桌椅，抬条箱，在坟前设祭。我们忙着看花，攀树，走田塍（chéng）①，折杨柳。他们点上了蜡烛，大声地喊："来拜揖（yī）②！来拜揖！"我们才从各方集合拢来，到坟前行礼。墓地邻近有一块空地，上面覆着垂杨，三面围着豆花，底下铺着绿草，如像一只空着的大沙发，正在等我们去坐。我们不约而同地跑进去，席地而坐了。

忽然听得背后发出一种声音，好像羊叫，衬着口琴的声音非常触耳。回头看见四弟坐在蚕豆花旁边，正在吹一管绿色的短笛。我收了口琴跑过去看，原来他的笛是用蚕豆梗做的：长约半尺多，上面有三五个孔，可用手指按出无腔的音调来。我忙叫姐姐来看。四弟常跟三大妈住在乡下的外婆家，懂得这些自然的玩意儿。我和姐姐看了都很惊奇而且艳美，觉得这比我们的口琴更有趣味。我们请教他这笛的制法。才知道这是用豌豆茎和蚕豆茎合制而成的。先拔起一枝蚕豆茎来，去根去梢去叶，只剩方柱形的一段。用指爪在这段上掐出三五个孔，即为笛声。再摘取豌豆茎的梢，约长一寸，把它插入方柱上端的孔中，笛就完成。吹的时候，用齿把豌豆茎咬一下，吹起来笛就发音。用指按笛身上各孔，就会吹出高低不同的种种音来。依照这方法，我和姐姐各自新制一管。吹起来果然都会响。可是各孔所发的音，像是音阶，却又似do非do，似re非re，不能吹奏歌曲。我的好奇心活跃了："姐姐，这些洞的距离，必有一定的尺寸。我们随意乱掐，所以不成音阶。倘使我们知道了这尺寸，我们可以做一管发音正确的'豆梗笛'，用以吹奏种种乐曲，不是很有趣么？"姐姐的好奇心同我一样活跃，说道："不叫做豆梗笛，叫做'翡翠笛'。爸爸一定知道这些孔的尺寸。我们去问他。"

爸爸见了我们的翡翠笛，吃惊地叫道："呀！蚕豆还没有结子，怎么你们拔了这许多豆梗！农人们辛苦地种着的！"工人阿四从旁插嘴道："不要紧，这蚕豆是我家的，让哥儿们拔些吧。"爸爸说："虽然你们不要他们赔偿，他们应该爱护作物，不论是谁家的！"姐姐擎（qíng）[3]着她的翡翠笛对爸爸说："我们不再采了。只因这里的音分别高低，但都不正确。不知怎样才能成一音阶，可以吹奏乐曲？"爸爸拿过翡翠笛来吹吹，就坐在草地上，兴味津津地研究起来。他已经被一种兴味所诱，浑[4]忘了刚才所说的话，他的好奇心同我们一样地活跃了。大人们原来也是有孩子们的兴味，不过平时为别种东西所压迫，不容易显露罢了。我的爸爸常常自称"不失童心"，今天的事很可证明他这句话了。

阿四采了一大把蚕豆梗来，说道："这些都是不开花的，拔来给哥儿们做笛吧。反正不拔也不会结豆的。"姐姐接着说："那很好了。不拔反要耗费肥料呢。"爸爸很安心，选一枝豆梗来，插上一个豌豆梗的叫子，然后在豆梗上掐一个洞，审察音的高低。居然能够吹个简单的乐曲。我们各选同样粗细的豆梗，依照了他的尺寸，各制一管翡翠笛，果然也都合于音阶，也能吹奏乐曲。我的好奇心愈加活跃了，捉住爸爸，问他："这距离有何定规？"

爸爸说："我也是偶然掐得正确的。不过这偶然并非完全凑巧，也根据着几分乐理。大凡吹动管中空气而发音的乐器，管愈长发音愈低，管愈短发音愈高。笛上开了一个洞，无异把管截断到洞的地方为止。故其洞愈近吹口，发音愈高，其洞愈近下端，发音愈低。箫和笛的制造原理就根据在此。刚才我先把没有洞的豆梗吹一吹，假定它是do字。然后任意摘一个洞，吹一下看，恰巧是re字。于是保住相当的距离，顺次向吹口方向摘六个洞，就大体合于音阶上的七音了。吹的时候，六个洞全部按住为do，下端开放一个为re，开放二个为mi……尽行开放为si。这是管乐器制造的原理。我这管可说是原始的管乐器了。弦乐器的制造原理也是如此，不过空管换了弦线。弦线愈长，发音愈低；弦线愈短，发音愈高。口琴风琴上的簧也是如此：簧愈长，发音愈低；簧愈短，发音愈高。但同时管的大小，弦的粗细，簧的厚薄，也与音的高低有关。愈大，愈粗，愈厚，发音愈低；反之发音愈高。”

（节选自《丰子恺文集·艺术卷三》）

【注释】

①田塍：田埂。

②拜揖：打躬作揖。

③擎：往上托，举。

④浑：全。

活动一 阅读第二自然段，用“先……，然后……，再……，最后……”的句式简述制作翡翠笛的步骤。

活动二 制作翡翠笛的过程中，丰子恺的父亲发挥了很大的作用，阅读关于父亲的片段，你觉得丰子恺的父亲是一位怎样的父亲？

活动三 请你根据制作翡翠笛的步骤，从自然界中选取柳叶、麦梗、蚕豆梗或者类似的植物的茎，做一个可以吹的“乐器”。

学习拓展

竹 影

丰子恺

吃过晚饭后，天气还是闷热。窗子完全打开了，房间里还坐不牢。太阳虽已落山，天还没有黑。一种幽暗的光弥漫在窗际，仿佛电影中的一幕。我和弟弟就搬了藤椅子，到屋后的院子里去乘凉。

天空好像一盏乏了油的灯，红光渐渐地减弱。我把眼睛守定西天看了一会儿，看见那光一跳一跳地沉下去，非常微细，但又非常迅速而不可挽救。正在看得出神，似觉眼梢头另有一种微光，渐渐地在那里强起来。回头一看，原来月亮已在东天的竹叶中间放出她的清光。院子里的光景已由暖色变成寒色，由长音阶变成短音阶了。门口一个黑影出现，好像一只立起的青蛙，向我们跳将过来。来的是华明。

“唉，你们惬意得很！这椅子给我坐的？”他不待我们回答，一屁股坐在藤椅上，剧烈地摇他的两脚。他的椅子背所靠的那根竹，跟了他的动作而发抖，上面的竹叶作出潇潇声音来。这引动了三人的眼，大家仰起头来向天空看。月亮已经升得很高，隐在一丛竹叶中。竹叶的摇动把她切成许多不规则的小块，闪烁地映入我们的眼中。大家赞美了一番之后，我说：“我们今晚干些什么呢？”弟弟说：“我们谈天吧。我先有一个问题给你们猜：细看月亮光底下的人影，头上出烟气。这是什么道理？”我和华明都不相信，于是大家走出竹林外，蹲下来看水门汀上的人影。我看了好久，果然看见头上有一缕一缕的细烟，好像漫画里所描写的动怒的人。“是口里的热气吧？”“是头上的汗水在那里蒸发吧？”大家蹲在地上争论了一会儿，没有解决。华明的注意力却转向了别处；他从身边摸出一枝半寸长的铅笔来，在水门汀上热心地描写自己的影。描好了，立起来一看，真像一只青蛙，他自己看了也要笑。徘徊之间，我们同时发现了映在水门汀上的竹叶的影子，同声地叫起来：“啊！好看啊！中国画！”华明就拿半寸长的铅笔去描。弟弟手痒起来，连忙跑进屋里去拿铅笔。我学他的口头禅喊他：“对起，对起，给我也带一枝来！”不久他拿了一把木炭来分送我们。华明就收藏了他那半寸长的法宝，改用木炭来描。大家蹲下去，用木炭在水门汀上参参差差地描出许多竹叶来。一面谈着：“这一枝很像校长先生房间里的横幅呢！”“这一丛很像我家堂前的立轴呢！”“这是《芥子园》画谱里的！”“这是吴昌硕的！”忽然一个大人的声音在我们头上慢慢地响出来：“这是管夫人的！”大家吃了一惊，立起身来，看见爸爸反背着手立在水门汀旁的草地上看我们描竹，他明明是来得很久了。华明难为情似地站了起来，把拿木炭的手藏在背后，似乎害怕爸爸责备他弄脏了我家的水门汀。爸爸似乎很理解他的意思，立刻对着他说道：“谁想出来的？这画法真好玩呢！我也来描几瓣看。”弟弟连忙拣木炭给他。爸爸也蹲在地上描竹叶了，这时候华明方才放心，我们也更加高兴，一边描，一边拿许多话问爸爸。

（节选自《丰子恺文集·艺术卷三》）

活动一 丰子恺先生的文章常常让我们感受到童真童趣，天真烂漫的孩子看天看月看竹影，从中感受到美。你觉得文中哪些描写最生动地表现了童趣？

活动二 文中提到了《芥子园》画谱、吴昌硕、管夫人，请你查找相关资料，完成下列表格。

画家（画谱）	年代	主要内容（代表作）	历史影响
《芥子园》画谱			
吴昌硕			
管夫人			

第6课

白　象

四年级上册丰子恺的《白鹅》是否给你留下了深刻的印象呢？想一想作者笔下的白鹅有哪些特点，表达了怎样的情感。生活中你一定见过猫、狗等小动物，请你仔细观察它们，用文字描述它们的特点。

学习活动

白　象

丰子恺

白象是我家的爱猫。

它真是可爱的猫！不但为了它浑身雪白，伟大如象，又为了它的眼睛一黄一蓝，叫做“日月眼”。它从太阳光里走来的时候，瞳孔细得几乎没有，两眼竟像话剧舞台上所装置的两只光色不同的电灯，见者无不惊奇赞叹。

白象到我家后，慕法、林先常写信来，说段老太太已迁居他处，但常常来他们家访问小白象，目的是探望白象的近况。我的幼女一吟，同情于段老太太的离愁，常常给白象拍照，寄交林先转交段老太太，以慰其相思。同时对于白象，更增爱护。每天一吟读书回家，或她的大姐陈宝教课回家，一坐倒，白象就跳到她们的膝上，老实不客气地睡了。她们不忍拒绝，就坐着不动，向人要茶，要水，要换鞋，要报看。有时工人不在身边，我同老妻就当听差，送茶，送水，送鞋，送报。我们是间接服侍白象。

有一天，白象不见了。我们侦骑四出①，遍寻不得。正在担忧，它偕同一只斑花猫，悄悄地回来了，大家惊喜。此后斑花猫常来，它也常去，大家不以为奇。我觉得白象更可爱了。因为它不像鲁迅先生的猫，恋爱时在屋顶上怪声怪气，吵得他不能读书写稿，而用长竹竿来打。后来它的肚皮渐渐大起来了。约摸两三个月之后，它的肚皮大得特别，竟像一只白象了。有一天，它临盆了，一胎五子，三只雪白的，两只斑花的。大家称庆，连忙叫男工去买新鲜鱼来给它调将。女孩子们天天冲奶粉给它吃。

小猫日长夜大，两星期之后，都会爬动。白象育儿耐苦得很，日夜躺卧，让五个孩子纠缠。它的身体庞大，在五只小猫看来，好比一个丘陵。它们恣意[②]爬上爬下，好像西湖上的游客爬孤山一样。这光景真是好看！

不料有一天，一只小花猫死了。我的幼儿新枚，哭了一场，拿一条美丽牌香烟的匣子，当作棺材，给它成殓（liàn），葬在西湖边的草地中。余下的四只，就特别爱惜。

我家有七个孩子，三个在外，四个在杭州，他们就把四只猫分领，各认一只。长女陈宝领了花猫，三女宁馨、幼女一吟、幼儿新枚，各领一只白猫。过一会一只小白猫又死了。剩下三只，一花二白，都很健康。看看已能吃鱼吃饭，不必全靠吃奶了，白象不必日夜躺着喂奶，可以随时出去散步，或跳到女孩子们的膝上去睡觉了。女孩子们笑它："做了母亲还要别人抱？"它不理，管自睡在人家怀里。

有一天，白象不回来吃中饭。"难道又到和尚寺里去找恋人了？"大家疑问。等到天黑，终于不回来。秀英当夜到寺里去寻，不见。明天，又不回来。问题严重起来，我就写两张海报。过了两天，有邻人来言："前几天看见一大白猫死在地藏庵与复性书院之间的水沼里，恐怕是你们的。"我们闻耗奔丧，找不到尸体。问地藏庵里的警察，也说不知；又说，大概清道夫取去了。我们回家，大家沉默志哀，接着就讨论它的死因。有的说是它自己失脚落水，有的说是顽童推它下水，莫衷一是[③]。后来新枚来报告，邻家的孩子曾经看见一只大白猫死在水沼上的大柳树根上，后来被人踢到水沼里。孩子不会说诳（kuáng）[④]，此说大约可靠。且我听说，猫不肯死在家里，自知临命终了，必远行至无人处，然后辞世。故此说更觉可靠。我觉得这点"猫性"，颇可赞美。

所幸它还有三个遗孤，虽非日月眼，而壮健活泼，足以承继血统。为防损失，特把一匹小花猫寄交我的好友家。其余两匹小白猫，常在我的身边。每逢我架起了脚看报或吃酒的时候，它们爬到我的两只脚上，一高一低，一动一静，别人看见了都要笑。我倒已经习以为常，似觉一坐下来，脚上天生成有两只小猫的。

（节选自《丰子恺文集·文学卷二》）

【注释】

①侦骑四出：侦查轻骑兵往四面八方出发，侦察敌情，形容对很是重视的事情做出重视的方法。

②恣意：放纵；不加限制；任意。

③莫衷一是：指不能决定哪个是对的。形容意见分歧，没有一致的看法。

④诳：欺骗。

活动一 阅读《白象》，仿照《白鹅》示例，填写完成下面表格。

篇目	特点	具体表现
白鹅	高傲	叫声：严肃郑重、厉声呵斥、厉声叫嚣、引吭大叫 步态：步调从容、大模大样、毫不相让 吃饭：需要水、草、泥三样东西下饭，吃法一丝不苟、循规蹈矩，必须有人伺候
白象	可爱	外形： 和人亲近： 母爱：

活动二 作者无论写鹅，还是写猫，都倾注了自己的情感，请你赏析下列语句，感受作者的情感温度。

（1）它的身体庞大，在五只小猫看来，好比一个丘陵。它们恣意爬上爬下，好像西湖上的游客爬孤山一样。这光景真是好看。

（2）我倒已经习以为常，似觉一坐下来，脚上天生成有两只小猫的。

活动三 文章开头说："白象是我家的爱猫。"阅读全文，我们发现不仅是作者爱白象，家里很多人也都是爱白象的，作者是通过描写哪些事情来表现全家对白象的喜爱的？

学习拓展

阿 咪

丰子恺

阿咪之父是中国猫，之母是外国猫。故阿咪毛甚长，有似兔子。想是秉承母教之故，态度异常活泼，除睡觉外，竟无片刻静止。地上倘有一物，便是它的游戏伴侣，百玩不厌。人倘理睬它一下，它就用姿态动作代替言语，和你大打交道。此时你即使有要事在身，也只得暂时搬开，与它应酬一下；即使有懊恼在心，也自会忘怀一切，笑逐颜开。哭的孩子看见了阿咪，会破涕为笑呢。

我家平日只有四个大人和半个小孩。半个小孩者，便是我女儿的干女儿，住在隔壁，每星期三天宿在家里，四天宿在这里，但白天总是上学。因此，我家白昼往往岑寂，写作的埋头写作，做家务的专心家务，肃静无声，有时竟像修道院。自从来了阿咪，家中忽然热闹了。厨房里常有保姆的话声或骂声，其对象便是阿咪。室中常有陌生的笑谈声，是送信人或邮递员在欣赏阿咪。来客之中，送信人及邮递员最是枯燥，往往交了信件就走，绝少开口谈话。自从家里有了阿咪，这些客人亲昵得多了。常常因猫而问长问短，有说有笑，送出了信件还是留连不忍遽去。

访客之中，有的也很枯燥无味。他们是为公事或私事或礼貌而来的，谈话有的规矩严肃，有的啰苏疙瘩，有的虚空无聊，谈完了天气之后只得默守冷场。然而自从来了阿咪，我们的谈话有了插曲，有了调节，主客都舒畅了。有一个为正经而来的客人，正在侃侃而谈之时，看见阿咪姗姗而来，注意力便被吸引，不能再谈下去，甚至我问他也不回答了。又有一个客人向我叙述一件颇伤脑筋之事，谈话冗长曲折，连听者也很吃力。谈至中途，阿咪蹦跳而来，无端地仰卧在我面前了。这客人正在愤慨之际，忽然转怒为喜，停止发言，赞道："这猫很有趣！"便欣赏它，抚弄它，获得了片时的休息与调节。有一个客人带了个孩子来。我们谈话，孩子不感兴味，在旁枯坐。我家此时没有小主人可陪小客人，我正抱歉，忽然阿咪从沙发下钻出，抱住了我的脚。于是大小客人共同欣赏阿咪，三人就团结一气了。后来我应酬大客人，阿咪替我招待小客人，我这主人就放心了。原来小朋友最爱猫，和它厮伴半天，也不厌倦；甚至被它抓出了血也情愿。因为他们有一共通性：活泼好动。女孩子更喜欢猫，逗它玩它，抱它喂它，劳而不怨。因为她们也有个共通性：娇痴亲昵。

（节选自《丰子恺文集·文学卷二》）

活动一 阿咪给生活带来了哪些欢乐？作者是以怎样的情感来写阿咪的？

活动二 欣赏下列四幅画中"猫"的形象，说说你的感受。

2-6-1

2-6-2

2-6-3

2-6-4

第7课

桂林的山

桂林山水是中国山水的代表，千百年来享有“桂林山水甲天下”的美誉。桂林拥有世界自然遗产桂林山水、世界灌溉遗产灵渠两大世界遗产。回顾四年级下册课文《桂林山水》，说说自己对桂林山水的感受。查阅有关桂林山水的图片或文字资料。

学习活动

桂林的山

丰子恺

“桂林山水甲天下”，我没有到桂林时，早已听见这句话。我预先问问到过的人：“究竟有怎样的好？”到过的人回答我，大都说是“奇妙之极，天下少有”。

初见时，印象很新鲜。那些山都拔地而起，好像西湖的庄子内的石笋，不过形状庞大，这令人想起古画中的远峰，又令人想起“天外三峰削不成”的诗句。至于水，漓江的绿波，比西湖的水更绿，果然可爱。我初到桂林，心满意足。

桂林的山的性格，我愈加认识清楚了。我渐渐觉得这些不是山，而是大石笋。因为不但拔地而起，与地面成九十度角，而且都是青灰色的童山，毫无一点树木或花草。久而久之，我觉得桂林竟是一片平原，并无有山，只是四围种着许多大石笋，比西湖的庄子里的更大更多而已。我对于这些大石笋，渐渐地看厌了。庭院中布置石笋，数目不多，可以点缀风景；但我们的“桂林”这个大庭院，布置的石笋太多，触目皆是，岂不令人生厌。我有时遥望群峰，想象它们是一只大动物的牙齿，有时望见一带尖峰，又想起小时候在寺庙里的十殿阎王的壁画中所见的尖刀山。假若天空中掉下一个巨人来，掉在这些尖峰上，一定会穿胸破肚，鲜血淋漓，同十殿阎王中所绘的一样。这种想象，使我渐渐厌恶桂林的山。这些时候听到“桂林山水甲天下”这句盛誉，我的感想与前大异：我觉得桂林的特色是“奇”，却不能称“甲”，因为“甲”有十全十美的意思，是总平均分数。桂林的山在天下的风景中，决不是十全十美。其总平均分数决不是“甲”。世人往往把“美”与“奇”两字混在一起，搅不清楚，其实奇是罕有少见，不一定美。美是具足圆满，不一定需要奇。三头六臂的人，可谓奇矣，但是谈不到美。天真烂漫的小孩，可为美矣，但是并不稀奇。桂林的山，奇而不美，正同三头六臂的人一样。我是爱画的人，我到桂林，人都说“得其所哉”，意思是桂林山水甲天下，可以入我的画。这使我想起了许多可笑的事：有一次有人报告我：“你的好画材来了，那边有一个人，身长不满三尺，而须长有三四寸。”我跑去一看，原来是做戏法的人带来的一个侏儒[①]。这男子身体不过同桌子面高，而头部是个老人。对这残废者，我只觉得惊骇（hài）[②]与怜悯，哪有心情欣赏他的“奇”，更谈不到美与画了。又有一次到野外写生，遇见一个相识的人，他自言熟悉当地风物，好意引导我去探寻美景，他说：“最美的风景在那边，你跟我来！”我跟了他跋山涉水，走得十分疲劳，好容易走到了他的目的地。原来有一株老树，不知遭了什么劫，本身横卧在地，而枝叶依旧欣欣向上。我率直地说：“这难看死了！我不要画。”其人大为扫兴，我倒觉得可惜。可惜的是他引导我来此时，一路上有不少平凡而美丽的风景，我不曾写得。而他所谓美，其实是奇。美其所美，非吾所谓美也。这样的事，我所经历的不少。桂林的山，便是其中之一。

桂林的山，不是模范的山，只是山之一种——奇特的山。“桂林山水甲天下”，本来没有说“美甲天下”。不过讲到山水，最容易注目其美，因此使桂林受不了这句盛誉。若改为“桂林山水天下奇”，则庶几[③]近情了。

（节选自《丰子恺文集·文学卷二》）

【注释】

①侏儒：这里是“短小”的意思。

②惊骇：惊慌害怕。

③庶几：差不多。

活动一 我们学了叶圣陶先生的文章《桂林山水》，他认为“桂林山水甲天下”，“甲”的理由是什么？

活动二 丰子恺认为“桂林山水天下奇”，“奇”的理由又是什么？你认为“甲”和“奇”的区别是什么？

活动三 中国的艺术很奇妙，文学中含有画理，文中说：“庭院中布置石笋，数目不多，可以点缀风景；但我们的‘桂林’这个大庭院，布置的石笋太多，触目皆是，岂不令人生厌。”

以下是丰子恺绘画论的三个观点，你认为上述这句话体现的是哪个观点？

①以形写神　②迁想妙得　③留白

学习拓展

送桂州严大夫[1]

唐·韩愈[2]

苍苍森八桂，兹地[3]在湘南。

□□□□□，□□□□□。

户多输[4]翠羽，家自种黄甘。

远胜登仙去，飞鸾[5]不假骖（cān）[6]。

【注释】

①《送桂州严大夫》：唐穆宗长庆二年（822年），韩愈的朋友严谟以秘书监为桂管观察使（桂州总管府的行政长官），离京上任前，时任兵部侍郎的韩愈作此诗赠别。

② 韩愈（768年—824年），字退之，河南河阳（今河南省孟州市）人。自称“郡望昌黎”，世称“韩昌黎”“昌黎先生”。唐代杰出的文学家、思想家、哲学家、政治家。

③ 兹地：此地。

④ 输：缴纳。

⑤ 飞鸾：仙人所乘的神鸟。

⑥ 不假骖：不需要坐骑。

活动一 编者在誊写《送桂州严大夫》时，把第二联的两句诗漏掉了，请你从下面四句诗中选择两句，把这首诗补充完整。

①江作青罗带 ②千峰直上天 ③桂林多洞府 ④山如碧玉簪

第8课

为了要光明

回顾阅读过的童话故事，如《皇帝的新装》《三只小猪》等，想一想：故事情节有共通之处吗？课文《巨人的花园》，让我们体会到快乐应当和大家分享；《幸福是什么》，让我们明白因自己的劳动给别人带来益处而感到幸福。下面这个故事，又带给你怎样的启示呢？

学习活动

为了要光明

丰子恺

(1) 有一个人姓万，名叫夫，家住在乡村里。他家的房子造得很坚固，每个窗子都有三层：外面玻璃，中间铁纱，里面板窗。板窗上又有铁锁，晚上锁好，教偷儿爬不进来。早上开锁开窗，放光明进来。

(2) 有一天晚上，万夫锁好了窗，把钥匙藏在衣袋里，到附近朋友家去吃喜酒。吃得烂醉，由别人扶着回家，倒在床上就睡。第二天起来，想打开窗子，放光明进来，找来找去，找不到钥匙。这一定是昨夜吃酒醉了，把钥匙掉在外头。万夫连忙到做喜事的人家去问，“有没有在地上捡到钥匙？”人都说“没有”。他在归家的路上仔细寻找，哪里找得到呢？他的钥匙是很特别的，不能向别人借钥匙来开。为了他的卧室里要光明，他只得去请铜匠师傅来开锁。

村里没有铜匠，须得坐了船，摇十里路，到镇上去请。万夫自家没有船。他到隔壁航船户家去借船。航船户说：“这只小船是空的，可是篙子被人借去了。只有一把橹，没有篙子，怎么办呢？”原来这十里水路很曲折，又很浅，非用篙子撑，不能行船。万夫说：“那么，让我到竹林里去砍一支竹竿来，就有篙子了。”

（3）为了要砍竹竿，万夫先到灶房里去找柴刀。找来找去找不到。他问他的太太：“我们的柴刀哪里去了？”太太皱着眉头说：“真糟糕，昨天我在井边上削一根木柄，一个失手，把柴刀掉在井里了！我正要想法子拿它出来呢。”万夫想了一想，说：“我有办法。东村李先生家里有一块大吸铁石。我去把它借来，用长绳缚牢了，挂到井底里，柴刀被吸铁石吸牢，就好拉出来了。”他的太太说：“好极，好极，你去借吧。”

（4）为了要取井里的柴刀，万夫走到东村李先生家去借吸铁石。李先生对万夫说：“真不巧，我那块吸铁石掉在地板洞里，还没有取出来呢。因为昨天我的太太把一只绣花针掉在地上，寻来寻去寻不着，想是落在地板缝里了，就用吸铁石去吸。谁知绣花针没有吸到，一个失手，反把吸铁石掉进地板洞里了。这洞虽然很大，可以伸手进去，可是地板下面非常之深，手臂摸不到底，因此无法取出。你要借用只有请木匠来，把地板拆开，取出吸铁石来。我本来早想请木匠来把这个洞修补呢。”万夫说：“那么，我到西村去把王木匠请来。”

（5）为了要拆地板取吸铁石，万夫走到西村去请王木匠。刚走进门，不见王木匠，只看见王大嫂坐着，正在发愁。万夫问道：“王大嫂，王司务在家吗？”王大嫂说：“他今天老毛病又发作，好端端的倒在地上，我刚把他扶到床上，现在还没有醒呢。”原来王木匠有一种老毛病，叫做“羊癫风”，一年之中，要发好几次。发的时候，突然倒在地上，不省人事，口中吐出白沫来，须得别人把他抬到床上，躺着静养，半天之后，方可起身。倘使要他早醒，须得到北村去请老郎中来，替他按摩一下，便起身了。万夫晓得他这老毛病，便说：“那么，我到北村去请老郎中来。”

（6）为了要医好王木匠的羊癫风，万夫走到北村去请老郎中。刚走进老郎中家的门，天下起雨来。万夫说：“老郎中，王木匠又发羊癫风了！请你劳驾，去救救他！”老郎中说：“我一定去的。但是天下雨了，我家的雨伞被客人借去，没有还来；须得到邻家去借一把伞来，方可出门去看病。”万夫说："是的是的，我到隔壁人家去借，借一顶大伞，我们两人合用吧。"

（7）为了要请老郎中出门去看病，万夫傍着屋檐，走到邻家去借伞。隔壁的老婆婆正在念阿弥陀佛，看见万夫进来，站起来说："万夫哥冒雨来！坐坐，躲雨吧。"万夫说："我是从隔壁老郎中家过来的，想请老郎中出门去看病，没有伞，想请你老人家借我们一顶，大一点的。"老婆婆说："伞吗？有是有的，很大的一顶；可是放在阁楼上，那梯子昨天被泥水司务借了去，不能爬上去拿，怎么办呢？"万夫看看阁楼，果然很高，非用梯子，爬不上去。他想了一想说："那么，我去借把梯子来吧。"

（8）为了要上阁楼去取伞，万夫穿过田塍，到对面的土地庙里去借梯子。土地庙里的小和尚看见万夫进来，就请他坐。万夫说："不坐了，我要借一把梯子，用一用就拿来还的。"小和尚说："梯子吗？有是有的，放在后院子里。后院子的大门锁着，钥匙放在老师父身边，老师父到小桥头张家去念经了。张家的老太太今天断七[①]呢！"万夫搔搔头，想一想，说："那么，我到小桥头张家去找你的老师父拿钥匙吧！"他就走出土地庙，向小桥头去。其实这时候天早已晴了，用不着伞了。但是万夫只顾目前的需要，从不追究根本的意义，所以管自奔向小桥头去。

（节选自《丰子恺文集·文学卷二》）

【注释】

①断七：照作者家乡风俗，人死之后七七四十九天，谓之"断七"，要为逝者唱经念佛。

活动一 快速阅读全文，找到与图相对应的段落，并用简洁的语言概括图片内容。

2-8-1

2-8-2

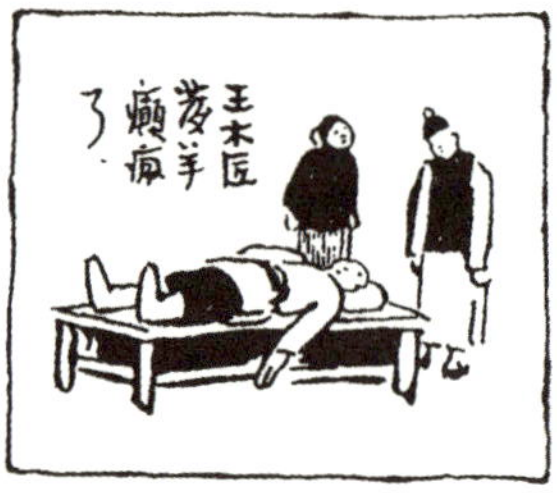

2-8-3

活动二 再次阅读全文，说说给你的启示。

学习拓展

一

为了要请铜匠开土地庙后院大门的铁锁，取梯，上阁楼拿伞，陪老郎中去医好王木匠的羊癫风，请王木匠去拆开李先生家的地板，取出吸铁石，吸起井底里的柴刀，到竹林里去砍竹竿，当作篙子，撑船到镇上去请铜匠，来开万夫卧室板窗上的锁，使卧室光明，——万夫又走到航船户家去借船。航船户笑着说："我早上对你说过了：这只小船是空的。可是没有篙子。你不是说，去砍根竹竿来当篙子吗？你竹竿砍来了没有？"到这时候，万夫方才想起他这一天的种种行动的根本意义。他似乎恍然大悟了一下。但是过了一会，他又把根本意义忘却，而努力追求目前的需要了。他毅然决然说："是的，是的，我去砍竹吧！"说过，就回家去找柴刀。……

二

为了取土地庙后院大门的钥匙，万夫辛辛苦苦地跑到小桥头张家，找到了老和尚。老和尚正在念经，万夫不便打扰，只得坐着等他念完。等了一个钟头，老和尚还没有念完。其实这时候，王木匠的羊癫风早已发完，早已起来了。但是万夫只顾目前的需要，从不追究根本的意义，所以管自坐着等候。约莫等了两个钟头，老和尚方才念完经。万夫就告诉他，要借庙里的梯，请他把后院大门的钥匙拿出来，好去开门拿梯。老和尚一口答允。但是，他在他的衲裰衣里摸来摸去，摸了半个钟头，摸不到钥匙。后来把和尚衣解开来，细细寻找，连裤子腰里，袜统里，都寻到，寻不见钥匙。老和尚说："啊哟！我老昏了，把钥匙都掉到不知哪里去了！怎么办呢！"万夫说："你也许放在庙里没有放在身上？你念经已经念好了，我和你一同回去找找看吧。"老和尚说："没有放在庙里，一向放在身上这个袋里的。"但是没有办法，姑且答应他回庙去找。老和尚收拾经书袈裟，交庙祝背了，又算了张家的经忏钱，然后同万夫一同走回土地庙去。走到庙里，就寻找钥匙。寻来寻去，终于寻不到。老和尚说：“我这铁锁很坚牢，要扭也扭不断；又很特别，没处去借钥匙。只有请铜匠司务来开了。但是，村里没有铜匠，只有到镇上去请。镇上去，有十里水路，向你们隔壁的航船户家去借一只小船吧。”万夫说：“好的，好的，我就去借。”

（节选自《丰子恺文集·文学卷二》）

活动一 上面两段文字应该安排在文章的哪个部分？

活动二 万夫想要先请铜匠开后院大门，然后取梯子……，最后再请铜匠开锁，他为什么不请铜匠开完后院大门直接去开锁呢？丰子恺先生写文章时别具匠心地为主人公取名为“万夫”，你能分析出这个名字的内涵吗？生活中你是否碰到过像“万夫”这样的人？

第9课

蜜　蜂

课文《珍珠鸟》还有印象吗？从人和珍珠鸟的交往中，你获得了哪些启示呢？回忆自己和小动物的一些特殊经历，假如你是那个动物，那个动物又是你，会不会有精彩的故事呢？

学习活动

蜜　蜂

丰子恺

正在写稿的时候，耳朵近旁觉得有“嗡嗡”之声，间以“得得”之声。因为文思正畅快，只管看着笔底下，无暇（xiá）[①]抬头来探究这是什么声音。然而“嗡嗡”“得得”，也只管在我耳旁继续作声，不稍间断。过了几分钟之后，它们已把我的耳鼓刺得麻木，在我似觉这是写稿时耳旁应有的声音，或者一种天籁，无须去探究了。

等到文章告一段落，我放下自来水笔，照例伸手向罐中取香烟的时候，我才举头看见这“嗡嗡”“得得”之声的来源。原来有一只蜜蜂，向我案旁的玻璃窗上求出路，正在那里乱撞乱叫。

我以前只管自己的工作，不起来为它谋出路，任它乱撞乱叫到这许久时光，心中觉得有些抱歉。然而已经挨到现在，况且一时我也想不出怎样可以使它钻得出去的方法，也就再停一会儿，等到点着了香烟再说。

我一边点香烟，一边旁观它的乱撞乱叫。我看它每一次钻，先飞到离玻璃一二寸的地方，然后直冲过去，把它的小头在玻璃上“得得”地撞两下，然后沿着玻璃“嗡嗡”地向四处飞鸣。其意思是想在那里找一个出身的洞。也许不是找洞，为的是玻璃上很光滑，使它立脚不住，只得向四处乱舞。乱舞了一回之后，大概它悟到了此路不通，于是再飞开来，飞到离玻璃一二寸的地方，重整旗鼓[②]，向玻璃的另一处地方直撞过去。因此“嗡嗡”“得得”，一直继续到现在。

我看了这模样，觉得非常可怜。求生活真不容易，只做一只小小的蜜蜂，为了生活也须碰到这许多钉子。我诅（zǔ）咒那玻璃，它一面使它清楚地看见窗外花台里含着许多蜜汁的花，以及天空中自由翱翔的同类，一面又周密地拦阻它，永远使它可望而不可即。这真是何等恶毒的东西！它又仿佛是一个骗子，把窗外的广大的天地和灿烂的春色给蜜蜂看，诱它飞来。等到它飞来了，却用一种无形的阻力拦住它，永不使它出头，或竟可使它撞死在这种阻力之下。

因了诅咒玻璃，我又羡慕起物质文明未兴时的幼年生活的诗趣来。①我家祖母年年养蚕。每当蚕宝宝上山的时候，堂前装纸窗以防风。为了一双燕子常要出入，特地在纸窗上开一个碗来大的洞，当作燕子的门，那双燕子似乎通人意的，来去时自会把翼稍稍敛住，穿过这洞。这般情景，现在回想了使我何等憧憬（chōng jǐng）[③]！假如我案旁的窗不用玻璃而换了从前的纸窗，我们这蜜蜂总可钻得出去。即使撞两下，也是软软地，没有什么苦痛。求生活在从前容易得多，不但人类社会如此，连虫类社会也如此。

我点着了香烟之后就开始为它谋出路。但这是一件很不容易的事。叫它不要在这里钻，应该回头来从门里出去，它听不懂我的话。用手硬把它捉住了到门外去放，它一定误会我要害它，会用螫反害我，使我的手肿痛得不能工作。除非给它开窗；但是这扇窗不容易开，窗外堆叠着许多笨重的东西，须得先把这些东西除去，方可开窗。这些笨重的东西不是我一人之力所能除去的。

于是我起身来请同室的人帮忙，大家合力除去窗外的笨重的东西，好把窗开了，让我们这蜜蜂得到出路。但是同室的人大家不肯，他们说，“我们做工都很疲倦了，哪有余力去搬重物而救蜜蜂呢？”我顿觉自己也很疲倦，没有搬这些重物的余力。救蜜蜂的事就成了问题。

忽然门里走进一个人来和我说话。为了不能避免的事，我立刻被他拉了一同出门去，就把蜜蜂的事忘却了。②等到我回来的时候，这蜜蜂已不见。不知道是飞去了，被救了，还是撞杀了。

（节选自《丰子恺文集·文学卷一》）

【注释】

①无暇（xiá）：指没有空闲时间去做某事。

②重整旗鼓：指失败之后，重新集合力量再干。

③憧憬（chōng jǐng）：对美好事物的向往。

活动一 阅读全文，梳理文章内容，在横线上填写相应内容。

①“我”在写稿时听到“嗡嗡”“得得”声，发现有一只蜜蜂在玻璃窗上求出路。

② ______________________________

③“我”诅咒玻璃，并想起了幼年生活的诗趣来。

④ ______________________________

活动二 丰子恺用白描化的语言描摹了蜜蜂的动作，请赏析下列语句。

乱舞了一回之后，大概它悟到了此路不通，于是再飞开来，飞到离玻璃一二寸的地方，重整旗鼓，向玻璃的另一处地方直撞过去。

赏析：

活动三 从全文看，删掉划线的两处句子，文章结构也完整，但在情感表达上却有不同，和同学交流，谈谈你对这两句话的理解。

学习拓展

下列两幅画，请选择其中一幅。发挥想象，写一则故事。

2-9-1

墙根有群蚁，乔迁向南冈；元首为向导，民众扛馔粮；浩荡复迤逦，横断路中央；我为取小凳，临时筑长廊；大队廊下过，不怕飞来殃。

——丰子恺补题

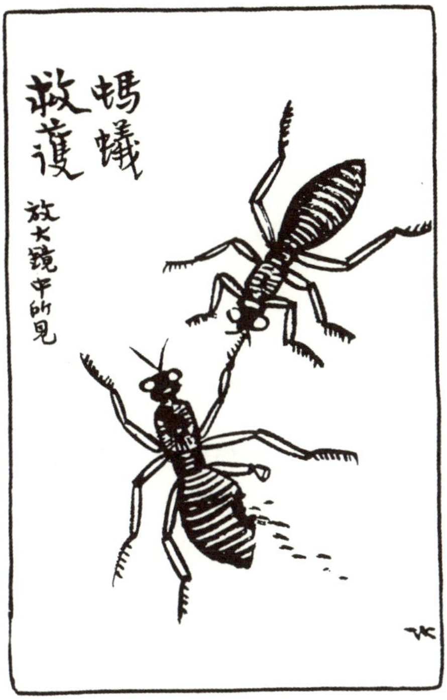

2-9-2

阶下有小虫，蠕蠕形细长，似蝇不是蝇，似虻并非虻。

就近仔细看，两蚁相扶将，颇像交际舞，几步一回翔。

速取放大镜，我欲窥其详，原来两蚁中，一蚁已受伤，后脚被切断，腹破将见肠。

一蚁衔其手，行步甚踉跄，不闻呻吟声，惟见色仓皇。

我欲施救助，束手苦无方，目送两蚁行，直到进泥墙。

事过已三日，我心犹未忘，不知负伤者，是否已起床？

——选自《护生画集》蚂蚁救护（丰子恺绘、弘一法师书）

第10课

美好的回忆

学校教育是一个人成长的重要基石，遇到好的老师则是一生的幸运。丰子恺先生在绘画、文学、音乐、书法等方面都有非凡的成就，离不开恩师的教诲。读了他的回忆文章之后，你是否有美好的回忆呢？

学习活动

一

学画回忆

我家开着染坊店，我向染匠司务讨些颜料来，溶化在小盅[①]子里，用笔蘸了为书上的单色画着色，涂一只红象，一个蓝人，一片紫地，自以为得意。但那书的纸不是道林纸，而是很薄的中国纸，颜色涂在上面的纸上，渗透了下面好几层。我的颜料笔又吸得饱，透得更深。等得着好色，翻开书来一看，下面七八页上，都有一只红象、一个蓝人和一片紫地，好像用三色版套印的。

第二天上书的时候，父亲——就是我的先生——就骂，几乎要打手心；被母亲不知大姐劝住了，终于没有打。那时候我们在私塾中弄画，同在现在社会里抽鸦片一样，是不敢公开的。先生坐在案桌上的时候，我们的画具和画都藏好，大家一摇一摆地读“幼学”书。等到下午，照例一个大块头来拖先生出去吃茶了，我们便拿出来弄画。我先一幅幅地印出来，然后一幅幅地涂颜料。同学们便像看病时向医生挂号一样，依次认定自己所欲得的画。得画的人对我有一种报酬，但不是稿费或润笔，而是种种玩意儿：金铃子一对连纸匣；挖空老菱壳一只，可以加上绳子去当作陀螺抽的；“云”字顺治铜钱一枚（有的顺治铜钱，后面有一个字，字共二十种。我们儿时听大人说，积得了一套，用绳编成宝剑形状，挂在床上，夜间一切鬼都不敢来。但其中，好像是“云”字，最不易得；往往为缺少此一字而编不成宝剑。故这种铜钱在当时的我们之间是一种贵重的赠品），或者铜管子（就是当时炮船上用的后膛枪子弹的壳）一个。

有天早上我到塾，先生翻出画谱中的孔子像，对我说：“你能看了样画一个大的么？”我没有防到先生也会要我画起画来，有些“受宠若惊”的感觉，支吾地回答说“能”。其实我向来只是“印”，不能“放大”。这个“能”字是被先生的威严吓出来的。放假时我夹了书包和先生交给我的一张纸回家，便去向大姐商量。大姐教我，用一张画方格子的纸，套在画谱的书页中间。画谱纸很薄，孔子像就有经纬格子范围着了。大姐又拿缝纫用的尺和粉线袋给我在先生交给我的大纸上弹了大方格子，然后向镜箱中取出她画眉毛用的柳条枝来，烧一烧焦，教我依方格子放大的画法。那时候我们家里还没有铅笔和三角板、米突尺，我现在回想大姐所教我的画法，其聪明实在值得佩服。我依照她的指导，竟用柳条枝把一个孔子像的底稿描成了；同画谱上的完全一样，不过大得多，同我自己的身体差不多大。我伴着了热烈的兴味，用毛笔钩出线条；又用大盆子调了多量的颜料，着上色彩，一个鲜明华丽而伟大的孔子像就出现在纸上。自从我的“大作”在塾中的堂前发表以后，同学们就给我一个绰号“画家”。我十七岁出外求学，年假、暑假回家时还常常接受这种义务生意。直到我十九岁时，从先生学了木炭写生画，读了美术的论著，方才把此业抛弃。

（节选自《丰子恺文集·文学卷一》）

【注释】

①盅（zhōng）：没有把手的杯子。

二
学习生活

记得十六七年前我在杭州第一师范读书的时候，最怕的功课是“还琴”。李叔同先生每星期教授我们弹琴一次。先生先把新课弹一遍给我们看。略略指导了弹法的要点，就令我们各自回去练习。一星期后我们须得练习纯熟而来弹给先生看，这就叫做“还琴”。但这不是由教务处排定在课程表内的音乐功课，而是先生给我们规定的课外修业。故还琴的时间，总在下午二十分至一时之间，即午膳后至第一课之间的四十分钟内，或下午六时二十分至七时之内，即夜饭后至晚间自修课之间的四十分钟内。我们自己练习琴的时间则各人各便，大都在下午课余，教师请假的时间，或晚上。总之，这弹琴全是课外修业。但这课外修业实际比较一切正课都艰辛而严肃。这并非我个人特殊感觉，我们的同学们讲起还琴都害怕。我每逢轮到还琴的一天，饭总是不吃饱的。我在十分钟内了结吃饭与盥洗[①]二事，立刻挟了弹琴讲义，先到练琴室内去，抱了一下佛脚，然后心中带了一块沉重的大石头而走进还琴教室去。我们的先生——他似乎是不吃饭的——早已静悄悄地等候在那里。大风琴上的谱表与音栓都已安排妥帖，显出一排雪白的键板，犹似一件怪物张着阔大的口，露出一口雪白的牙齿而蹲踞着，在那里等候我们的来到。

先生见我进来，立刻给我翻出我今天所应还的一课来，他对于我们各人弹琴的进程非常熟悉，看见一人就记得他弹到什么地方。我坐在大风琴边，悄悄地抽了一口大气，然后开始弹奏了，先生不逼近我，也不正面督视我的手指，而斜立在离开我数步的桌旁。他似乎知道我心中的状况，深恐逼近我督视时，易使我心中慌乱而手足失措，所以特地离开一些。但我确知他的眼睛是不绝地在斜注我的手上的。因为不但遇到我按错一个键板的时候他知道，就是键板全不按错而用错了一根手指时，他的头便急速地回转，向我一看，这一看表示通不过。先生指点乐谱，令我从某处重新弹起。小错从乐句开始处重弹，大错则须从乐曲开始处重弹。有时重弹幸而通过了，但有时越是重弹，心中越是慌乱而错误越多。这还琴便不能通过。先生用和平而严肃的语调低声向我说，“下次再还”，于是我只得起身离琴，仍旧带了心中这块沉重的大石头而走出还琴教室，再去加上刻苦练习的功夫。

（节选自《丰子恺文集·文学卷一》）

【注释】

①盥（guàn）洗：洗手或者洗脸。

三

旧话——入学经历

我在九岁上丧了父亲之后，母亲是我的兼父职的保护者。母亲是不识字的，不能看书看报。故家务店务虽善处理，但对于时务无法深知。有的亲友依旧请先生在家里教授“四书”“五经”，或把儿女送入私塾。他们都是在社会上活动而有声誉的人。母亲听了他们的论见，自然认为可靠。因此母亲关于我的求学问题，曾费不少的烦虑。邻居的沈蕙荪先生，是我的小学校的校长，又是我们的亲戚，又是地方上有德望的长者。母亲就把我的前途的问题去请教他。母亲决定送我到杭州去投考中等学校。恰好沈先生也送他的儿子到杭州去投考，母亲便托他把我带去。

母亲决定命我投考杭州第一师范。母亲的意思：一则当时乡里学校勃兴，教师缺乏，师范毕业可以充当教师；二则我家没有父兄，我将来不能离家，当教师则可在家乡觅职，不必出外；三则师范取费低廉，毕业后又可不再升学，我家堪能担负。母亲曾把这种道理叮咛地关照我，但我哪能体会这道理而谅解母亲的苦心呢？到了杭州，我已忘却母亲的话，自己的境遇，和其他一切的条件了。我投考了师范、中学和商业等学校三个学校，结果统被录取。我觉得师范学校规模最大，似乎最能满足我的知识欲。我便进了师范学校。

三年级以后，课程渐渐注重教育与教授法。我们的图画科改由向来教音乐而常常请假的李叔同先生教授了。李先生的教法在我觉得甚为新奇：李先生教我们不必用书，上课时只要走一个空手的人来。教室中只有三只脚的画架。画架前面供着石膏制的头像。我们空手坐在画架前面，先生便差级长把一种有纹路的纸分给每人一张，又每人一条细炭，四个图钉。最后先生从讲桌下拿出一盆子馒头来，但不教我们吃，乃教我们当作橡皮用的。于是先生推开黑板，教我们用木炭描写石膏模型的画法。我对于这种新奇的画图，觉得很有兴味。我觉得这是与英文数理滋味不同的一种兴味，我渐渐疏远其他的功课，而把头埋进木炭画中。我的画逐渐进步。有一晚，我为了别的事体去见李先生，先生郑重地对我说："你的画进步很快！我在所教的学生中，从来没有见过这样快速的进步！"李先生当时兼授南京高等师范及我们的浙江第一师范两校的图画，他又是我们所最敬佩的先生的一人。我听到他这两句话，犹如暮春的柳絮受了一阵急烈的东风，要大变方向而突进了。

我从此抛弃一切学科，而埋头于西洋画。故我的入师范学校是偶然的，我的学画也是偶然的，我的达到现在的生涯也是偶然的。我倘不入师范，不致遇见李叔同先生，不致学画；也不致遇见夏丏尊①先生，不致学文。

（节选自《丰子恺文集·文学卷一》）

【注释】

①夏丏（miǎn）尊：中国近代著名的文学家和语文学家。

活动一 难忘恩师，结合相关情节，分析李叔同先生为什么会给孩子留下深刻的印象？

活动二 结合作者的学画回忆、入学经历、学习生活三个片段，分析"美好的回忆"体现在哪里？

学习拓展

在丰子恺的学生时代，夏丏尊教国文。他所懂得的知识皆远远超出他所教授的课程。夏丏尊博学多能，"只除不弄音乐以外，其他诗文、绘画（鉴赏）、金石、书法、理学、佛典，以至外国文、科学等，他都懂得"。他教授国文，指导作文，重视言之有物，“传染语感于学生”，强调要老实地写。他重视“读书”与“做人”对于“字画文章”的意义。凡熟识夏先生的人，没有一个不晓得夏先生是个多忧善愁的人。他看见世间的一切不快、不安、不真、不善、不美的状态，都要皱眉，叹气。他不但忧自家，又忧友，忧校，优店，忧国，忧世。他和李先生一样的痛感众生的疾苦。但他不能和李先生一样行大丈夫事；他只能忧伤终老。在“人世”这个大学校里，这位导师所施的是“妈妈的教育”。

活动一 阅读上述材料，你认为丰子恺在哪些方面受到李叔同、夏丏尊的影响，完成一篇不少于300字的小文章。

第11课

活物论

课文《全神贯注》《鱼游到了纸上》，写出艺术家们在创作中表现出一种忘我的状态。丰子恺先生说，如果把物当作有生命的活物看，那么在我们眼里会呈现出怎样一个世界呢？这种方法对绘画适用，对写作文适用吗？

学习活动

桂林艺术讲话之一

丰子恺

艺术以仁为本，这道理不必引证高论，只在平日的静物写生中即可看出。画家对静物写生，对于该静物的看法与平常不同；不当它们是供人用的东西，而把它们看作独立自主的存在物。三个苹果，在画家眼中，不是人类为供食用而培植起来的水果，而是无实用的一种自然现象。换言之，这些苹果不是供人吃的苹果，而是苹果自己的苹果。这样，才能用净眼看出苹果的真相而描出其形状色彩的美态。因此画家对于静物，常把它们看作活物，想象三苹果是同画家自己一样有生命有情感的人，然后观察其姿势态度，作生动的描写。故布置这三只苹果，煞（shà）费苦心[①]；太挤近了怕它们不舒适，太隔远了怕它们不便晤（wù）谈[②]，太散乱了怕它们不联络，太规则了又怕它们嫌严肃。必须当它们是三个好友晤谈一室中，大家相对，没有一人向隅（yú）[③]；大家集中，没有一人离心。这样，才是安定妥贴的布置，才能作成美满的画。

又如一把茶壶与两只茶杯，在画家眼中，不是人类为了饮茶的实用而制造出来的器什(shí)[④]，而是一种天生的自然现象。换言之，这些不是供人用的茶具，而是茶具自己的茶具，因此画家对于茶壶茶杯，也当作有生命的活物看。或竟当作与画家同类人物而布置。他们想象茶壶是一位坐着的母亲，两只茶杯是母亲膝下的两小儿。两小儿挤得太近了，怕母亲不舒服；两小儿离得太远了，怕母亲不放心。必使恰好依依膝前，才是安定妥贴的景象，才能作成美满的画。

不但静物如此，描风景画也必把山水亭台当作活物看，才能作成美好的画。这技术在中国叫做“经营置陈”[⑤]，在西洋叫做“构图”(composition)。这看法在中国叫做“迁想妙得”，在西洋叫做“拟人化”(personification)。德国美学者则称之为“感情移入”(Einfühlungtheorie)。所谓拟人化，所谓感情移入，便是把世间一切现象看作与人同类平等的生物。便是把同情心范围扩大，推心置腹，及于一切被造物。这不但是“恩及禽兽”而已，正是“万物一体”的大思想——最伟大的世界观。

“万物一体”是中国文化思想的大特色，也是世界上任何一国所不及的最高的精神文明。古圣人说：“各正性命”。又曰“亲亲而仁民，仁民而爱物”[⑥]，可见中国人的胸襟特别广大，中国人的仁德特别丰厚。所以中国人特别爱好自然。远古以来，中国画常以自然(山水)为主要题材，西洋则本来只知道描人物(可见其胸襟狭，眼光短，心目中只有自己)，直到十九世纪印象派模仿中国画，始有独立的风景画与静物画。所以前述的“拟人化”的描写，在中国诗文中特别多用。例如：“感时花溅泪，恨别鸟惊心。”“岸花飞送客，樯燕语留人。”“蝶来风有致，人去月无聊。”“蜡烛有心还惜别，替人垂泪到天明。”等句，不胜枚举。这都是用“万物一体”的眼光观看世间而说出来的。若用西洋人的褊狭的眼光来看，则花鸟只是装饰物与野味，月亮只是星球，蜡烛只是日用品，全无艺术的芬芳了。故中国是最艺术的国家，“万物一体”是最高的艺术论。

（节选自《丰子恺文集·艺术卷四》）

【注释】

① 煞(shà)费苦心：费尽心思。

② 晤（wù）谈：有目的的见面谈事。

③ 向隅：面对着屋子的一个角落。比喻因非常孤立或得不到机会而失望。

④ 器什（shí）：指家常日用器具。

⑤ 经营置陈：陈设、摆放、布置。

⑥ 亲亲而仁民，仁民而爱物：出自《孟子》的《尽心章句上》。意思是亲爱亲人而仁爱百姓，仁爱百姓而爱惜万物。

活动一 阅读全文，说说“物”在画家眼中有什么特点。

活动二 仔细阅读文章，结合《鱼游到了纸上》一文，思考：画家要画好一个物，需要具备哪些要求？

活动三 查阅相关资料，结合文章三、四两段的内容，从下列四句中选择一句，解释你对“万物一体”的理解。

A. 感时花溅泪，恨别鸟惊心。

B. 岸花飞送客，樯燕语留人。

C. 蝶来风有致，人去月无聊。

D. 蜡烛有心还惜别，替人垂泪到天明。

学习拓展

美与同情

丰子恺

艺术家的同情心，不但及于同类的人物而已，又普遍地及于一切生物无生物，犬马花草，在美的世界中均是有灵魂而能泣能笑的活物了。诗人常常听见子规的啼血，秋虫的促织，看见桃花的笑东风，蝴蝶的送春归，用实用的头脑看来，这些都是诗人的疯话。其实我们倘能身入美的世界中，而推广其同情心，及于万物，就能切实地感到这些情景了。

画家与诗人是同样的，不过画家注重其形色姿态的方面而已。没有体得龙马的泼力，不能画龙马；没有体得松柏的劲秀，不能画松柏。中国古来的画家都有这样的明训。西洋画何独不然？我们画家描一个花瓶，必其心移入于花瓶中，自己化作花瓶，体得花瓶的力，方能表现花瓶的精神。我们的心要能与朝阳的光芒一同放射，方能描写朝阳；能与海波的曲线一同跳舞，方能描写海波。这正是"物我一体"的境涯，万物皆备于艺术家的心中。

（节选自《丰子恺文集·艺术卷二》）

活动一 大声朗读并理解上面片段，然后从下列选项中选择一组作为关键词，运用"移情于物"的方法，写一段文字，200字左右。

A. 花瓶少女热情　B. 花瓶妇人生气　C. 花瓶老人感动

第12课

蝌　蚪

读了《从百草园到三味书屋》，你一定不会忘记鲁迅先生那些童年趣事吧。丰子恺先生的《蝌蚪》一文，是否同样能勾起你童年的回忆？是否勾起了你有关抓蝌蚪、养蝌蚪的回忆呢？

学习活动

蝌　蚪

丰子恺

每度放笔，凭在楼窗上小憩[①]的时候，望下去看见庭中的花台的边上，许多花盆的旁边，并放着一只印着蓝色图案模样的洋瓷面盆。晚间凭窗闲眺的时候，看见放学出来的孩子们聚在墙下拍皮球。我欲知道洋瓷面盆的意义，便提出来问他们，才知道这面盆里养着蝌蚪，是春假中他们向田里捉来的。蝌蚪是我儿时爱玩的东西，又是学童时代教科书里最感兴味的东西，说起来可以牵惹种种的回想，我便专程下楼来看它们。洋瓷面盆里盛着大半盆清水，瓜子大小的蝌蚪十数个。抖着尾巴，急急忙忙地游来游去，好像在找寻什么东西。孩子们看见我来欣赏他们的作品，大家围集拢来，得意地把关于这作品的种种话告诉我：

“这是从大井头的田里捉来的。”

“是清明那一天捉来的。”

“我们用手捧了来的。”

“我们天天换清水的呀。”

“这好像黑色的金鱼。”

“这比金鱼更可爱！”

“它们为什么不绝地游来游去？”

“它们为什么还不变青蛙？”

他们的疑问把我提醒，我看见眼前这盆玲珑活泼的小动物，忽然变成了一种苦闷的象征。

我见这洋瓷面盆仿佛是蝌蚪的沙漠。它们不绝地游来游去，是为了找寻食物。它们的久不变成青蛙，是为了不得其生活之所。现在被这些孩子们捉了来，关在这洋瓷面盆里，四周围着坚硬的洋铁，全身浸着淡薄的白水，所接触的不是同运命的受难者，便是冷酷的珐琅[②]质。任凭它们整日急急忙忙地游来游去，终于找不到一种保护它们、慰安[③]它们、生息它们的东西。这是苦闷的象征，这象征着某种生活之下的人的灵魂！

我劝告孩子们：“你们只管把蝌蚪养在洋瓷面盆中的清水里，它们不得充分的养料和成长的地方，永远不能变成青蛙，将来统统饿死在这洋瓷面盆里！你看它们急急忙忙地游来游去，找寻食物和泥土，无论如何也找不到，样子多么可怜！”孩子们被我这话感动了，颦蹙地向洋瓷面盆里看。有几人便问我：“那么，怎么好呢？”我说：“最好是送它们回家——拿去倒在田里。过几天你们去探访，它们都已变成青蛙，‘哥哥，哥哥’地叫你们了。”孩子们都欢喜赞成，就有两人抬着洋瓷面盆，立刻要送它们回家。我说：“天将晚了，我们再留它们一夜，明天送回去吧。现在走到花台里拿些它们所欢喜的泥来，放在面盆里，可以让它们吃吃、玩玩。”孩子们立刻去捧泥，纷纷地把泥投进面盆里去。有的人叫着：“轻轻地，轻轻地！看压伤了它们！”随后就有几人异口同声地要求：“我们不要送它们回家，我们要养在这里！”一个孩子恍然大悟地叫道：“好！我们在墙角里掘一个小池塘，倒满了水，同田里一样。就把它们养在那里。它们大起来变成青蛙，就在墙角里的地上跳来跳去。”大家拍手说“好！”大的孩子立刻找到种花用的小锄头，向墙角的泥地上去垦。不久，垦成了面盆大的一个池塘。大家说“拿水来，拿水来！”……蝌蚪的迁居就这样地完成了。

洋瓷面盆里的蝌蚪，由孩子们给迁居在墙角里新开的池塘里了。孩子们满怀希望，等候着它们变成青蛙。我便怅然[4]地想起了前几天遗弃在上海的旅馆里的四只小蝌蚪。今年清明的次日，我们来到上海。孩子在市场的一角看中了养在玻璃瓶里的蝌蚪，出十个铜板买了。回到旅馆，放在电灯底下的桌子上观赏这瓶蝌蚪，觉得很是别致：这真像一瓶金鱼，共有四只。颜色虽不及金鱼的漂亮，但是游泳的姿势比金鱼更为活泼可爱。当它们游在瓶边上时，我们可以察知它们的实际的大小只及半粒瓜子。但当它们游到瓶中央时，玻璃瓶与水的凸镜的作用把它们的形体放大，变化参差地映入我们的眼中，样子很是好看。

一天晚上，我正在床上休息的时候，孩子在桌上玩弄这玻璃瓶，一个失手，把它打破了。水泛滥在桌子上，里面带着大大小小的玻璃碎片，蝌蚪躺在桌上的水痕中蠕动，好似涸辙[5]之鱼。善后之法，第一要救命。我先拿一只茶杯，去茶房那里要些冷水来，把桌上的四个蝌蚪轻轻地掇[6]进茶杯中，供在镜台上了。过了几天，家里又有人来玩上海。我们少有在旅馆里坐的时候，竟把小房间里镜台上的茶杯里的四只小蝌蚪完全忘却了。

现在孩子们给洋瓷面盆里的蝌蚪迁居在墙角里新开的小池塘里，满怀的希望，等候着它们变成青蛙。我更怅然地想起了遗弃在上海旅馆里的四只蝌蚪。不知它们的结果如何？然而希望它们不存在。它们不是金鱼，不愿住在玻璃瓶里供人观赏。它们指望着生长、发展，变成了青蛙而在大自然的怀中唱歌跳舞。如今把它们关在这商业大都市的中央，石路的旁边，铁筋建筑的楼上，水门汀砌的房笼内，瓷制的小茶杯里。世间的凄凉、残酷，和悲惨，无过于此。这是苦闷的象征，这象征着某种生活之下的人的灵魂。

假如有谁来报告我这四只蝌蚪的确还存在于那旅馆中，为了象征的意义，我准拟立刻动身，专赴那旅馆中去救它们出来，放乎青草池塘之中。

（节选自《丰子恺文集·艺术卷一》）

【注释】

① 小憩（qì）：短时间的休息。

② 珐琅（fà láng）：覆盖于金属表面的不透明的玻璃质材料。

③ 慰安：即安慰。

④ 怅然：失望、懊恼的样子。

⑤ 涸辙（hé zhé）：干涸的车沟里。

活动一 文中的蝌蚪的生存环境变化了三次，请找出来填入下面方框中。

活动二 “怅然”和“苦闷”在文中多次出现？请你结合文章内容谈谈作者怅然的原因以及苦闷的内涵。

活动三 本文的主题有以下三个，请你选择认为合适的一项，并阐述理由。

A 怀念童真和童趣　B 尊重生命　C 学会换位思考

学习拓展

课外观察蝌蚪变成青蛙的过程，写一篇观察笔记，可以记录你的感受，可以为这个过程配上有趣的插图。

第13课

芒种的歌

课文《唯一的听众》写的是一个人从“音乐方面的白痴”最终把“拉小提琴变成自己无法割舍的爱好”的故事。在学习音乐、舞蹈、绘画等艺术的过程中，你又经历过怎样的心路历程呢？

学习活动

芒种的歌

丰子恺

五点半到了。收了小提琴，放松弓弦，把琴和弓藏进匣子里，坐在北窗下的藤椅子里休息一下。一种歌声，从屋后的田坂里飘进楼窗来：

上有凉风下有水，
为啥勿唱响山歌？……

半个月以前，新从外国回来的研究音乐的姨丈说我很有音乐的天才。于是爸爸出了二十五块钱，托他给我买一只小提琴，并且选了这册枯燥的乐谱，教我天天练习。爸爸曾经滑稽地骗我，说姨丈娶了一位外国姨母，很会唱歌的。我也觉得这乐器的音色真同肉声一样亲切而美丽，誓愿跟他学习。为了我要进学，爸爸特地请姨丈到我家小住了一个星期，指导我初步。我每天四点钟从学校回家，休息半小时，就开始拉小提琴，一直拉到五点半或六点。姨丈去后，由爸爸指导练习。练到现在，已经半个月了，弄得我身体非常疲劳，精神非常苦痛。想要废止，辜负爸爸的一片好意，如何使得？倘再忍耐下去，实在有些吃不消了。

怪来怪去，要怪这册练习书太没道理。老实说，七十块钱的风琴，二十五块钱的提琴，都远不如一块钱的口琴。那小家伙我一学就会，而且给我吹的都是有兴味的小曲。凡事总要伴着有兴味，才好干下去。现在这些提琴曲“味同嚼蜡”。……我从藤椅子里起身，带着沉重的心情走下楼去。

……

走到门边，听见门房间里发出一种声音，咿哑咿哑。听他所奏的曲子，委婉流丽，上耳甜津津的。这是王老伯伯的房间。我闯进门房间，看见他正在奏乐。他的乐器是在一个竹筒上装一根竹管和两弦线而成的，形如木匠的锯子，用左手扶着，放在膝上拉奏。我一把握住他的乐器，问他这叫什么，奏的是什么曲。他说道：“这叫做‘胡琴’，我刚才拉的叫做《梅花三弄》。你看好听不好听？”

我照他的姿势坐下，也拉拉胡琴看，觉得身体很舒服，发音很容易，远胜于我的提琴，而且音色也不很坏。我想起了：这是戏文里常用的乐器，剃头司务们也常玩着的。但所谓《梅花三弄》，以前我听人在口琴上吹，觉得很不好听，为什么王老伯伯所奏的似乎动人得很呢？我问他，他笑道：“这叫做熟能生巧。……”我不知不觉地从他手里接过胡琴来，模仿着他的旋律而学习起来了。

窗外有一个头在张望，我仔细一看，是爸爸。我立刻还了胡琴，红着脸走出门去。爸爸便拉了我的手，走到了屋后的田坂里，坐在路旁的一块大石头上。

“你为什么请王老伯伯教那些乐器？”爸爸的声音很低，而且很慢；然而这是他对我最严厉的责备了。我不敢假造理由来搪塞，就把提琴练习如何吃力，如何枯燥无味，以及如何偶然受胡琴的诱惑的话统统告诉了他。

爸爸的脸色忽然晴朗了，怡然地说：“我很能原谅你。这是我的疏忽，没有预先把提琴练习的性状告诉你。你要记着：第一，音乐并不完全是享乐的东西，并非时时伴着兴味的。在未学成以前的练习时期，需要更多的努力和忍耐。第二，人生的事，苦乐必定相伴，而且成正比例。你所学的提琴，是技术最难的一种乐器。须得下大决心，准备吃大苦头，然后可以从事学习的。从今天起，你可用另一副精神来对付它，暂时不要找求享乐，且当它是一个难关……通过了这难关，就来到享乐的大花园了。”

这时候，夕阳快将下山，农夫还在田坂里插秧。他们的歌声飘到我们的耳中。爸爸对我说：“你听农人们的插秧歌！芒种节到了，农人的辛苦从此开始了。插秧、种田、下肥、车水、拔草……经过不少的辛苦，直到秋深方才收获……”

回家再见我的提琴，它似乎变了相貌，由嬉笑的脸变成严肃的脸了。

（节选自《丰子恺文集·艺术卷三》）

活动一 默读全文，“芒种的歌”有什么含义？

活动二 结合选文，归纳作者学琴的主要事件和情感经历。

主要事件：□→□→□

情感变化：□→□→□

活动三 “回家再见我的提琴，它似乎变了相貌，由嬉笑的脸变成严肃的脸了。”提琴是没有相貌的，作者说它由“嬉笑”变得“严肃”，你怎么理解这句话？

学习拓展

父亲说：吃蟹是风雅的事，吃法也要内行才懂得。先折蟹脚，后开蟹斗……脚上的拳头（即关节）里的肉怎样可以吃干净，脐里的肉怎样可以剔出……脚爪可以当作剔肉的针……蟹螯上的骨头可以拼成一只很好看的蝴蝶……父亲吃蟹真是内行，吃得非常干净。所以陈妈妈说：“老爷吃下来的蟹壳，真是蟹壳。”……我们都学父亲，剥得很精细，剥出来的肉不是立刻吃的，都积受在蟹斗里，剥完之后，放一点姜醋，拌一拌，就作为下饭的菜，此外没有别的菜了。因为父亲吃菜是很省的，而且他说蟹是至味，吃蟹时混吃别的菜肴，是乏味的。

（节选自《丰子恺文集·文学卷一》）

活动一 结合选文和上面的材料，简析丰子恺“父亲”的形象。

第14课

伯牙鼓琴

成语“高山流水”一定不陌生吧，是比喻知己或知音，也指音乐优美。琴曲《高山流水》即为俞伯牙的代表作之一。伯牙，是春秋战国时期晋国的上大夫，是当时著名的琴师，被人尊为“琴仙”。《琴操》记载伯牙学琴三年不成，他的老师成连把他带到东海蓬莱山去听海水澎湃、群鸟悲鸣之音，于是他有感而作《水仙操》。古琴，又称瑶琴、玉琴、七弦琴，有三千多年历史。古琴音域宽广，音色深沉，余音悠远。2003年11月7日，联合国教科文组织宣布，中国古琴被列入“世界非物质文化遗产”。

学习活动

伯牙鼓琴

丰子恺

我们中国在三千年之前音乐早已非常发达。有一个小故事为证。

周朝时候，有一个学者叫做列御寇的，后人称他为列子。他告诉我们这样的一个音乐故事：有一个人叫做伯牙的，善于弹琴。他有一个好朋友，叫做钟子期，善于欣赏音乐。有一天，伯牙在琴上弹一个即兴曲，即临时作曲而演奏。他的作曲的主题是“高山”。他在琴上用音乐来描述他对于高山的感想。钟子期听他弹完了说：“你这乐曲峨峨然若泰山！”这就是说，曲趣雄伟，好像泰山一般峨峨巍巍，高不可仰。后来伯牙又弹一个即兴曲，用音乐来描述他对于流水的感想。钟子期听他弹完了说：“你这乐曲洋洋然若江河！”这就是说，曲趣流畅，好像江河滔滔洋洋，一泻千里。这两个人，一个是优秀的作曲家，一个是高明的音乐鉴赏家，所以是好朋友。后来钟子期死了，伯牙从此不再弹琴，因为没有“知音”了，即没有人能够欣赏他的作曲了。

这故事的意思，是说“知音难得”。后人常常拿伯牙和钟子期来比方互相深切了解的知心朋友。但在我们爱好音乐的人，另有一种看法：这里说明着我国古代音乐发达的盛况。西洋十九世纪初才盛行的“标题音乐”，在我们中国周朝时候，即纪元前几世纪，早已发达了。

所谓“标题音乐”，像字面上所表示，就是在乐曲上标明一个题目，而用一种特殊的作曲法来描写题目所表示的事象。这种作曲法是德国大音乐家贝多芬所首先提倡的。贝多芬开始把音乐从绝对音乐的象牙塔中解放出来，即开始用音符来叙述描写客观事象，使音乐变得同文学或绘画一样，可以叙述事件，可以描写风景，当然可以抒发感情。这是音乐艺术的进步。

贝多芬的标题音乐中，描写技术最高妙而最著名的，是他的《第三交响乐》，即《英雄交响乐》，和《第六交响乐》，即《田园交响乐》。《英雄交响乐》本来是为赞颂法国革命英雄拿破仑作的。后来拿破仑自己做了皇帝，贝多芬大怒，把乐谱撕破，丢在地上。但他的朋友把破乐谱拾起来保存了，因为这是一首表现英雄精神的名曲。第一乐章描写英雄的力量，英雄的活动。第二乐章描写英雄临到危机，因此得切磋磨练，完成其圆满的人格。第三乐章描写战胜了悲哀的英雄的快乐。第四乐章描写英雄一生的总体。《田园交响乐》开头描写田园风景的优美，和愉快的印象。其次描写静静地流着的小川两旁的自然风景，其中常常听见鸟声。又其次描写乡村的农民的飨宴和舞蹈，狂欢的情景如在目前。接着描写飨宴之后忽然雷电交作，大雨滂沱。最后描写雨收云散，天色放晴，遥闻牧童的歌声和村人庆幸雷雨过去的欢笑声。

我想，我国二三千年前伯牙在古琴上演奏的“高山”和“流水”，大概也是《英雄交响乐》《田园交响乐》《一八一二年序曲》之类的标题音乐吧。不然，为什么钟子期听得出“峨峨然若泰山”“洋洋然若江河”呢？可惜乐谱失传，我们无法欣赏了。

（节选自《丰子恺文集·文学卷二》）

活动一 默读《伯牙鼓琴》，作者如何把“伯牙鼓琴”这个故事和“标题音乐”联系起来的？

活动二 欣赏古筝曲《高山流水》和贝多芬的《英雄交响乐》，谈谈你不同的感受。

学习拓展

伯牙绝[1]弦

伯牙善鼓[2]琴，钟子期善听。伯牙鼓琴，志在高山[3]，钟子期曰：“善哉（zāi）[4]，峨峨[5]兮（xī）[6]若泰山！”志在流水，钟子期曰：“善哉，洋洋[7]兮若江河！”伯牙所念，钟子期必得之。子期死，伯牙谓世再无知音，乃破琴绝弦，终身不复鼓。

【注释】

①绝：断绝。

②鼓：弹。

③志在高山：心里想到高山。

④哉：语气词，表示感叹。

⑤峨峨：高。

⑥兮：语气词，相当于“啊”。

⑦洋洋：广大。

活动一 参照注解，翻译《伯牙绝弦》的故事，并向同桌讲述。

小知识：关于古琴和古琴十大名曲。

古琴一般长约三尺六寸五（约120—125厘米），象征一年三百六十五天

（一说象周天365度）。一般宽约六寸（20厘米左右）。一般厚约二寸（6厘米左右）。琴体下部扁平，上部呈弧形凸起，分别象征天地，与古时的天圆地方之说相应和。整体形状依凤身形而制成，其全身与凤身相应（也可说与人身相应），有头、颈、肩、腰、尾、足。

古琴最初只有五根弦，内合五行，金、木、水、火、土；外合五音，宫、商、角、徵、羽。后来文王囚于羑里，思念其子伯邑考，加弦一根，是为文弦；武王伐纣，加弦一根，是为武弦。合称文武七弦琴。

【古琴十大名曲】

1.《广陵散》：一腔魏晋风骨，一段生死绝唱

2.《高山流水》：高山流水觅知音

3.《平沙落雁》：借大雁之远志，写逸士之心胸

4.《渔樵问答》：乐哉山水间，鄙视功名心

5.《阳春白雪》：万物知春，曲高而和寡

6.《潇湘水云》：云水遮蔽九嶷山，爱国情思漫潇湘

7.《阳关三叠》：西出阳关无故人，朝雨折柳惜赠别

8.《梅花三弄》：梅花傲骨凝风雪，一曲琴音颂英姿

9.《胡笳十八拍》：文姬归汉思故乡，骨肉分离唱十八

10.《醉渔唱晚》：晚霞辉映渔舟归，载歌响穷彭蠡滨

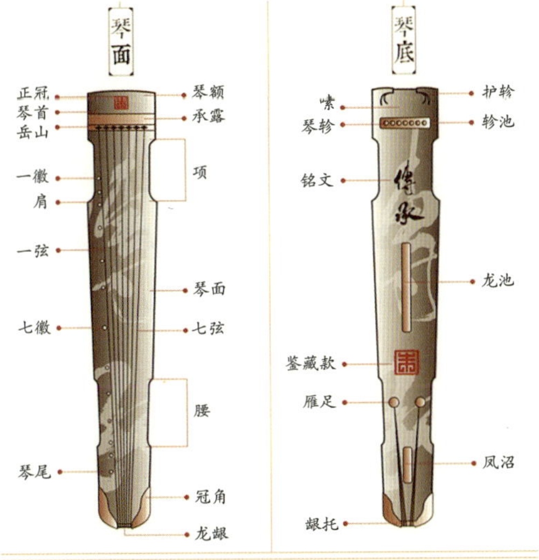

2-14-1

第15课

王囡囡

“每次读到鲁迅《故乡》中的闰土，便想起我的王囡囡”。每当你读到《少年闰土》时，你会想起童年玩伴吗？你们之间又有过哪些难忘的故事呢？随着岁月的流逝，这些故事在你心中的印迹是否有改变呢？

学习活动

王囡囡[①]

丰子恺

每次读到鲁迅《故乡》中的闰土，便想起我的王囡囡。王囡囡是我家贴邻豆腐店里的小老板，是我童年时代的游钓伴侣。他名字叫复生，比我大一二岁，我叫他“复生哥哥”。那时他家里有一祖母，很能干，是当家人；一母亲，终年在家烧饭，足不出户；还有一“大伯”，是他们的豆腐店里的老司务[②]，姓钟，人们称他为钟司务或钟老七。

祖母的丈夫名王殿英，行四，人们称这祖母为“殿英四娘娘”，叫得口顺，变成“定四娘娘”。母亲名庆珍，大家叫她“庆珍姑娘”。她的丈夫叫王三三，早年病死了。庆珍姑娘在丈夫死后十四个月生一个遗腹子，便是王囡囡。请邻近的绅士沈四相公取名字，取了“复生”。复生的相貌和钟司务非常相像。人都说：“王囡囡口上加些小胡子，就是一个钟司务。”

钟司务在这豆腐店里的地位，和定四娘娘并驾齐驱，有时竟在其上。他非常宠爱王囡囡，怕他死去，打一个银项圈挂在他的项颈里。市上凡有新的玩具，新的服饰，王囡囡一定首先享用，都是他大伯买给他的。我家经济远不及王囡囡家的富裕，因此王囡囡常把新的玩具送我，我感谢他。王囡囡项颈里戴一个银项圈，手里拿一枝长枪，年幼的孩子和猫狗看见他都逃避。这神情宛如童年的闰土。

我从王囡囡学得种种玩艺。第一是钓鱼，他给我做钓竿，弯钓钩。拿饭粒装在钓钩上，在门前的小河里垂钓，可以钓得许多小鱼。活活地挖出肚肠，放进油锅里煎一下，拿来下饭，鲜美异常。其次是摆擂台。约几个小朋友到附近的姚家坟上去，王囡囡高踞在坟山上摆擂台，许多小朋友上去打，总是打他不下。一朝打下了，王囡囡就请大家吃花生米，每人一包。又次是放纸鸢③。做纸鸢，他不擅长，要请教我。他出钱买纸，买绳，我出力糊纸鸢，糊好后到姚家坟去放。其次是缘树④。姚家坟附近有一个坟，上有一株大树，枝叶繁茂，形似一顶阳伞。王囡囡能爬到顶上，我只能爬在低枝上。总之，王囡囡很会玩耍，一天到晚精神勃勃，兴高采烈。

有一天，我们到乡下去玩，有一个挑粪的农民，把粪桶碰了王囡囡的衣服。王囡囡骂他，他还骂一声“私生子”！王囡囡面孔涨得绯红，从此兴致大大地减低，常常皱眉头。

王囡囡渐渐大起来，和我渐渐疏远起来。后来我到杭州去上学了，就和他阔别。年假暑假回家时，听说王囡囡常要打他的娘。打过之后，第二天去买一支参来，煎了汤，定要娘吃。我在杭州学校毕业后，就到上海教书，到日本游学。抗日战争前一两年，我回到故乡，王囡囡有一次到我家里来，叫我“子恺先生”，本来是叫“慈弟”的。情况真同闰土一样。抗战时我逃往大后方，八九年后回乡，听说王囡囡已经死了，他家里的人不知去向了。而他儿时的游钓伴侣的我，以七十多岁的高龄，还残生在这⑤娑婆世界上，为他写这篇随笔。

笔者曰：封建时代礼教杀人，不可胜数。王囡囡庶民⑥之家，亦受其毒害。庆珍姑娘大可堂皇地再嫁与钟老七。但因礼教压迫，不得不隐忍忌讳，酿成家庭之不幸，冤哉枉也。

（节选自《丰子恺文集·文学卷二》）

【注释】

①囡囡（nān）：方言里小孩子的亲昵称呼。

②司务：旧时对手艺匠人的尊称。

③纸鸢（yuān）：风筝。

④缘树：爬树。

⑤娑（suō）婆：佛教名词，就是现实世界。

⑥庶（shù）民：普通百姓。

活动一 “我”与王囡囡、鲁迅与闰土的关系都经历了一个变化的过程，结合文章谈谈原因。

活动二 参照少年闰土的形象，根据文中的描写给王囡囡画一幅像，可以适当加上自己的想象。

学习拓展

有一天，定四娘娘叫一个关魂婆来替她已死的儿子王三三关魂。我去旁观。她从王囡囡家后门进来。凡是这种人，总是在小巷里走，从来不走闹市大街。大约她们知道自己的把戏鬼鬼祟祟，见不得人，只能骗骗愚夫愚妇。且说定四娘娘叫关魂婆进来，坐在一只摇纱椅子上。她先问：“要叫啥人？”定四娘娘说：“要叫我的儿子三三。”关魂婆打了三个呵欠，说：“来了一个灵官，长面孔……”定四娘娘说“不是”。关魂婆又打呵欠，说：“来了一个灵官……”定四娘娘说：“是了，是我三三了。三三！你撇得我们好苦！”就一把鼻涕，一把眼泪地哭。后来对着庆珍姑娘说：“喏，你这不争气的婆娘，还不快快叩头！”这时庆珍姑娘正抱着她的第二个孩子（男，名掌生）喂奶，连忙跪在地上，孩子哭起来，王囡囡哭起来，棚里的驴子也叫起来。

活动一 以上片段是原文中的一段内容，请你思考作者为什么要插入这个关魂婆替王三三关魂的故事？

小知识：原始巫术

巫术是一种古老的现象，它产生于人类的野蛮时期，曾是人类文化的一种幼稚形态。在原始社会宗教还未形成之前，人类就开始出现了巫术信仰和巫术活动。在漫长的生活实践中，人类逐渐产生了对大自然及周围事物的信仰和万物有灵的原始巫术思想，出现了对天象、大地、山石、水火、动物、植物等的神灵崇拜及图腾崇拜。巫师施行巫术的场所，有在神堂进行的，有在郊野施行的。施行对象，有祈神遣鬼，有治病招魂，有捉精降妖，有猎禽伏兽，有呼风唤雨等。巫师从事巫术活动的看家本领和绝招是符咒，符咒是巫术中最为神秘的部分，在巫师的巫术仪式中，施术者都需要念咒画符。符咒有白符咒和黑符咒之分，为人防病治病、避凶趋吉，对人有利的称为白符咒，一些巫师用符咒害人的称为黑符咒。巫师施行巫术活动主要有以下几种：一、占卜；二、驱鬼；三、招魂等。巫术在人类的生产、生活中也产生了一定的积极作用，但也有其愚昧落后的一面。

第16课

过 年

过年，多么令人激动的一个词语。过年，多么令人盼望的一个时节。不同的地方，过年的“规矩”也会不同，你想过其中的奥秘吗？请读一读丰子恺先生和老舍先生笔下的“过年”，在语言中感受他们“过年”的情怀。

学习活动

过 年

丰子恺

我幼时不知道阳历，只知道阴历。到了十二月十五，过年的空气开始浓重起来了。我们染坊店里三个染匠司务[①]全是绍兴人，十二月十六日要回乡。十五日，店里办一桌酒，替他们送行。这是提早举办的年酒。商店旧例，年酒席上的一只全鸡，摆法大有道理：鸡头向着谁，谁要免职。所以上菜的时候，要特别当心。但我家的店规模很小，店里三个人，作场里三个人，一共只有六个人，这六个人极少有变动，所以这种顾虑极少。但母亲还是当心，上菜时关照仆人，必须把鸡头向着空位。

十六日，司务们一上去[②]，染缸封了，不再收货，农民们此时也要过年，不再拿布出来染了。店里不须接生意，但是要算账。整个上午，农民们来店还账，应接不暇。下午，管账先生送进一包银元来，交母亲收藏。这半个月正是收获时期，一家一店许多人的生活都从这里开花。有的农民不来还账，须得下乡去收。所以必须另雇两个人去收账。他们早出晚归，有时拿了鸡或米回来。因为那农家付不出钱，将鸡或米来抵偿。年底往往阴雨，收账的人，拖泥带水回来，非常辛苦。所以每天的夜饭必须有酒有肉。学堂早已放年假，我空闲无事，上午总在店里帮忙，写“全收”簿子[3]。吃过中饭，管账先生拿全收簿子去一算，把算出来的总数同现款一对，两相符合，一天的工作便完成了。

廿三日晚上送灶，灶君菩萨每年上天约一星期，廿三夜上去，大年夜回来。这菩萨据说是天神派下来监视人家的，每家一个。大约就像政府委任官吏一般，不过人数更多。他们高踞在人家的灶山上，嗅取饭菜的香气。每逢初一、月半，必须点起香烛来拜他。廿三这一天，家家烧赤豆糯米饭，先盛一大碗供在灶君面前，然后全家来吃。吃过之后，黄昏时分，父亲穿了大礼服来灶前膜拜，跟着，我们大家跪拜。拜过之后，将灶君的神像从灶山上请下来，放进一顶灶轿里。这灶轿是白天从市上买来的，用红绿纸张糊成，两旁贴着一副对联，上写“上天奏善事，下界保平安”。我们拿些冬青柏子，插在灶轿两旁，再拿一串纸做的金元宝挂在轿上；又拿一点糖塌饼来，粘在灶君菩萨的嘴上。这样一来，他上去见了天神，粘嘴粘舌的，说话不清楚，免得把人家的恶事全盘说出。于是父亲恭恭敬敬地捧了灶轿，捧到大门外去烧化。烧化时必须抢出一只纸元宝，拿进来藏在橱里，预祝明年有真金元宝进门之意。

廿三送灶之后，家中就忙着打年糕。这糯米年糕又大又韧，自己不会打，必须请一个男工来帮忙。姐姐们又做许多小年糕，形式仿照大年糕，是预备廿七夜过年时拜小年菩萨用的。

廿七夜过年，是个盛典。白天忙着烧祭品：猪头、全鸡、大鱼、大肉，都是装大盘子的。吃过夜饭之后，把两张八仙桌接起来，上面供设“六神牌”，前面围着大红桌围，摆着巨大的锡制的香炉蜡台。桌上供着许多祭品，两旁围着年糕。我们这厅屋是三家公用的，我家居中，右边是五叔家，左边是嘉林哥家，三家同时祭起年菩萨来，屋子里灯火辉煌，香烟缭绕，气象好不繁华！三家比较起来，我家的供桌最为体面。何况我们还有小年菩萨，即在大桌旁边设两张茶几，也是接长的，也供一位小菩萨像，用小香炉蜡台，设小盆祭品，竟像是小人国里的过年。记得那时我所欣赏的，是“六神牌”和祭品盘上的红纸盖。这六神牌画得非常精美，一共六版，每版上画好几个菩萨，佛、观音、玉皇大帝、孔子、文昌帝君、魁星……都包括在内。平时折好了供在堂前，不许打开来看，这时候才展览了。祭品盘上的红纸盖，都是我的姑母剪的，“福禄寿喜”“一品当朝”“平升三级”等字，都剪出来，巧妙地嵌在里头。我那时只七八岁，就喜爱这些东西，这说明我对美术有缘。

绝大多数人家廿七夜过年。所以这晚上商店都开门，直到后半夜送神后才关门。我们约伴出门散步，买花炮。花炮种类繁多，我们所买的，不是两响头的炮仗和劈劈拍拍的鞭炮，而是雪炮、流星、金转银盘、水老鼠、万花筒等好看的花炮。其中万花筒最好看，然而价贵不易多得。买回去在天井里放，大可增加过年的喜气。我把一串鞭炮拆散来，一个一个地放。点着了火立刻拿一个罐头来罩住，“咚”的一声，连罐头也跳起来。我起初不敢拿在手里放。后来经乐生哥哥教导，竟胆敢拿在手里放了。两指轻轻捏住鞭炮的末端，一点上火，立刻把头旋向后面。渐渐老练了，即行若无事。

正在放花炮的时候，隔壁谭三姑娘……送万花筒来了。这谭三姑娘的丈夫谭福山，是开炮仗店的。年年过年，总是特制了万花筒来分送邻居，以供新年添兴之用。

夜半时分，父亲在旁边的半桌上饮酒，我们陪着他吃饭。直到后半夜，方才送神。我带着欢乐的疲倦躺在床上，钻进被窝里。

年底这一天，是准备通夜不眠的。店里早已摆出风灯，插上岁烛。吃年夜饭时，把所有的碗筷都拿出来，预祝来年人丁兴旺。吃饭碗数，不可成单，必须成双。如果吃三碗，必须再盛一次，那怕盛一点点也好，总之要凑成双数。吃饭时母亲分送压岁钱，我得的记得是四角，用红纸包好。我全部用以买花炮。吃过年夜饭，还有一出滑稽戏呢。这叫做“毛糙纸揩窪”。“窪”就是屁股。一个人拿一张糙纸，把另一人的嘴揩一揩。意思是说：你这嘴巴是屁股，你过去一年中所说的不祥的话，例如“要死”之类，都等于放屁。但是人都不愿被揩，尽量逃避。然而揩的人很调皮，出其不意，突如其来，那怕你极小心的人，也总会被揩。有时其人出前门去了。大家就不提防他。岂知他绕个圈子，悄悄地从后门进来，终于被揩了去。此时笑声、喊声充满了一堂。过年的欢乐空气更加浓重了。

于是陈妈妈烧起火来放“泼留”。把糯米放进热锅里，一只手用铲刀搅拌，一只手用箬帽遮盖。那些糯谷受到热度，爆裂开来，若非用箬帽遮盖，势必纷纷落地，所以必须遮盖。放好之后，拿出来堆在桌子上，叫大家拣泼留。新年里客人来拜年，请他吃糖汤，放些泼留。我们小孩子也参加拣泼留，但是一面拣，一面吃。一粒糯米放成蚕豆来大，像朵梅花，又香又热，滋味实在好极了。

黄昏，渐渐有人提了灯笼来收账了。我们就忙着“吃串”。其实是把每一百铜钱的串头绳解下来，取出其中三四文，只剩九十六七文，或甚至九十二三文，当作一百文去还账。吃下来的“串”，归我们姐弟们作零用。

年初一上午忙着招待拜年客人。街上挤满了穿新衣服的农民，男女老幼，熙熙攘攘，吃烧卖，上酒馆，买花纸（即年画），看戏法，到处拥挤，而最热闹的是赌摊。原来从初一到初四，这四天是不禁赌的。掷骰子，推牌九，还有打宝，一堆一堆的人，个个兴致勃勃，连警察也参加在内。下午，农民大都进去了，街上较清，但赌摊还是闹热，有的通夜不收。

初二开始，镇上的亲友来往拜年。我父亲戴着红缨帽子，穿着外套，带着跟班出门。同时也有穿礼服的到我家拜年。如果不遇，留下一张红片子。父亲死后，母亲叫我也穿着礼服去拜年。我实在很不高兴。因为一个十一二岁的孩子穿大礼服上街，大家注目，有讥笑的，也有叹羡的，叫我非常难受。现在回想，母亲也是一片苦心。她不管科举已废，还希望我将来也中个举人，重振家声，所以把我如此打扮，聊以慰情。

正月初四，是新年最大的一个节日，因为这天晚上接财神。别的行事，如送灶、过年等，排场大小不定，有简单的，有丰盛的，都按家之有无。独有接财神，家家郑重其事，而且越是贫寒之家，排场越是体面。大约他们想：敬神丰盛，可以邀得神的恩宠，今后让他们发财。

接财神的形式，大致和过年相似，两张桌子接长来，供设六神牌，外加财神像，点起大红烛。但不先行礼，先由父亲穿了大礼服，拿了一股香，到下西弄的财神堂前行礼，三跪九叩，然后拿了香回来，插在香炉中，算是接得财神回来了。于是大家行礼。这晚上市中各店通夜开门，大家接财神。所以要买东西，那怕后半夜，也可以买得。父亲这晚上兴致特别好，饮酒过半，叫把谭三姑娘送的大万花筒放起来……我们放大万花筒时，为要尽量增大它的利用率，邀请所有的邻居都出来看。

初五以后，过年的事基本结束。但是拜年，吃年酒，酬谢往还，也很热闹。厨房里年菜很多，客人来了，搬出就是。但是到了正月半，也差不多吃完了。所以有一句话："拜年拜到正月半，烂溏鸡屎炒青菜。"我的父亲不爱吃肉，喜欢吃素，我们都看他样。所以我们家里，大年夜就烧好一大缸萝卜丝油豆腐，油很重，滋味很好。每餐盛出一碗来，放在锅子里一热，便是最好的饭菜。我至今还是忘不了这种好滋味。但叫家里人照烧起来，总不及童年时的好吃，怪哉！

正月十五，在古代是一个元宵佳节，然而赛灯之事，久已废止，只有市上卖些兔子灯，蝴蝶灯等，聊以应名而已。二十日，染匠司务下来④，各店照常开门做生意，学堂也开学。过年的笔记也就全部结束。

（节选自《丰子恺文集·文学卷二》）

【注释】

①司务：旧时对手艺匠人的尊称。

②上去：按作者家乡一带习惯，凡是去浙东各地，称为"上去"。

③"全收"簿子：年底收账，账收回后，记在"全收"簿子上，表示已不欠账。

④下来：按作者家乡一带习惯，从浙东来到浙西，称为"下来"。

活动一 阅读文章，按照作者的思路画出过年的流程图。

活动二 划线句说："但叫家里人照烧起来，总不及童年时的好吃，怪哉！"你认为是什么原因？

学习拓展

丰子恺《过年》：廿三日晚上送灶，灶君菩萨每年上天约一星期，廿三夜上去，大年夜回来。这菩萨据说是天神派下来监视人家的，每家一个。大约就像政府委任官吏一般，不过人数更多。他们高踞在人家的灶山上，嗅取饭菜的香气。每逢初一、月半，必须点起香烛来拜他。廿三这一天，家家烧赤豆糯米饭，先盛一大碗供在灶君面前，然后全家来吃。吃过之后，黄昏时分，父亲穿了大礼服来灶前膜拜，跟着，我们大家跪拜。拜过之后，将灶君的神像从灶山上请下来，放进一顶灶轿里。这灶轿是白天从市上买来的，用红绿纸张糊成，两旁贴着一副对联，上写“上天奏善事，下界保平安”。我们拿些冬青柏子，插在灶轿两旁，再拿一串纸做的金元宝挂在轿上；又拿一点糖塌饼来，粘在灶君菩萨的嘴上。这样一来，他上去见了天神，粘嘴粘舌的，说话不清楚，免得把人家的恶事全盘说出。于是父亲恭恭敬敬地捧了灶轿，捧到大门外去烧化。烧化时必须抢出一只纸元宝，拿进来藏在橱里，预祝明年有真金元宝进门之意。

老舍《北京的春节》：二十三日过小年，差不多就是过新年的“彩排”。在旧社会里，这天晚上家家祭灶王，从一擦黑儿鞭炮就响起来，随着炮声把灶王的纸像焚化，美其名叫送灶王上天。在前几天，街上就有多少多少卖麦芽糖与江米糖的，糖形或为长方块或为大小瓜形。按旧日的说法：有糖粘住灶王的嘴，他到了天上就不会向玉皇报告家庭中的坏事了。现在，还有卖糖的，但是只由大家享用，并不再粘灶王的嘴了。

活动一 比较两篇文章中对于“送灶”这个民俗的描写，感受丰子恺和老舍不同的语言风格。

第17课

渐

读过朱自清的《匆匆》，你有没有想过“时光”是什么？“时光”会变快还是变慢？时光会“停滞”还是会倒流？“时光”是和人一样存在的“机器”吗？面对“时光”，人又会有多少感悟和思考呢？

学习活动

渐

丰子恺

使人生圆滑进行的微妙的要素，莫如“渐”；造物主骗人的手段，也莫如“渐”。在不知不觉之中，天真烂漫的孩子“渐渐”变成野心勃勃的青年；慷慨豪侠的青年“渐渐”变成冷酷的成人；血气旺盛的成人“渐渐”变成顽固的老头子。因为变更是渐进的，一年一年地、一月一月地、一日一日地、一时一时地、一分一分地、一秒一秒地渐进，犹如从斜度极缓的长远的山坡上走下来，使人不察其递降的痕迹，不见其各阶段的境界，而似乎觉得常在同样的地位，恒久不变，又无时不有生的意趣与价值，于是人生就被确实肯定，而圆滑进行了。假使人生的进行不像山坡而像风琴的键板，由do忽然移到re，即如昨夜的孩子今朝忽然变成青年；或者由do忽然跳到mi，即如朝如青年而夕暮忽成老人，人一定要惊讶、感慨、悲伤。故可知人生是由“渐”维持的。

人之能堪受境遇的变衰，也全靠这“渐”的助力。巨富的纨绔子弟因屡次破产而“渐渐”荡尽其家产，变为贫者；贫者只得作佣工，佣工往往变为奴隶；奴隶容易变成无赖，无赖与乞丐相去甚近，乞丐不妨做偷儿……这样的例子，在小说中，在实际上，均多得很。因为其变衰是延长为十年二十年而一步一步地“渐渐”地达到的，在本人不感到什么强烈的刺激。故虽到了饥寒病苦刑笞交迫的地步，仍是熙熙然[①]贪恋着目前的生的欢喜。假如一位千金之子忽然变成了乞丐或偷儿，这人一定愤不欲生了。

这真是大自然的神秘的原则，造物主的微妙的功夫！阴阳潜移，春秋代序，以及物类的衰荣生杀，无不暗合于这法则。由萌芽的春“渐渐”变成绿阴的夏；由凋零的秋“渐渐”变成枯寂的冬。我们虽已经历数十寒暑，但在围炉拥衾[②]的冬夜仍是难于想象饮冰挥扇的夏日的心情；反之亦然。然而由冬一天一天地、一时一时地、一分一分地、一秒一秒地移向夏，由夏一天一天地、一时一时地、一分一分地、一秒一秒地移向冬，其间实在没有显著的痕迹可寻。昼夜也是如此：傍晚坐在窗下看书，书页上“渐渐”地黑起来，倘不断地看下去（目力能因了光的渐弱而渐渐加强），几乎永远可以认识书页上的字迹，即不觉昼之已变为夜。黎明凭窗，不瞬目地注视东天，也不辨自夜向昼推移的痕迹。儿女渐渐长大起来，在朝夕相处的父母全不觉得，难得见面的远亲就相见不相识了。

“渐”的作用，就是用每步相差极微极缓的方法来隐蔽时间的过去与事物的变迁的痕迹，使人误以为其恒久不变。这真是造物主骗人的一大诡计！这有一件比喻的故事：某夫每天早晨抱了犊[③]而跳过一沟，到田里去工作，夕暮又抱了它跳过沟回家。每日如此，未尝间断。过了一年，犊已渐大，渐重，差不多变成大牛，但农夫全不觉得，仍是抱了它跳沟。有一天他因事停止工作，次日就不能抱了这牛而跳沟了。造物的骗人，使人流连于其每日每时的生的欢喜而不觉其变迁与辛苦，就是用这个方法的。人们每日在抱了日重一日的牛而跳沟，不准停止。自己误以为是不变的，其实每日在增加其苦劳！

“渐”的本质是“时间”。时间我觉得比空间更为不可思议，犹之时间艺术的音乐比空间艺术的绘画更为神秘。因为空间姑且不追究它如何广大或无限，我们总可以把握其一端，认定其一点。时间则全然无从把握，不可挽留，只有过去与未来在渺茫之中不绝地相追逐而已。因为一般人对于时间的悟性，似乎只够支配搭船乘车的短时间；对于百年的长期间的寿命，他们不能胜任，往往迷于局部而不能顾及全体。

然人类中也有几个能胜任百年的或千古的寿命的人。那是“大人格”，“大人生”。他们能不为“渐”所迷，不为造物所欺，而收缩无限的时间并空间于方寸的心中。故佛家能纳须弥于芥子[4]。中国古诗人（白居易）说：“蜗牛角上争何事？石火光中寄此生。”英国诗人（Blake）也说：“一粒沙里见世界，一朵花里见天国，手掌里盛住无限，一刹那便是永劫。”

（节选自《丰子恺文集·文学卷一》）

【注释】

①熙熙然：快乐满足的样子。

②围炉拥衾（qīn）：围着火炉裹着被子。衾，被子。

③犊（dú）：小牛。

④须弥于芥子：佛教用语，形容把巨大的东西放到极微小的空间里去。

活动一 大声朗读文章，思考作者为什么取名为“渐”？

活动二 对比阅读《渐》和《匆匆》，完成表格。

	主要内容	语言风格	作者思想
《渐》			
《匆匆》			

活动三 以下是关于时间的名言，选择一则结合文章谈谈你的理解。

①“逝者如斯夫，不舍昼夜。”——《论语·子罕》

②“一粒沙里见世界，一朵花里见天国，手掌里盛住无限，一刹那便是永劫。”——布莱克《天真的预言》

③“蜗牛角上争何事？石火光中寄此生。”——白居易《对酒五首》

学习拓展

传说在西晋时有个叫王质的年轻人，一次上山打柴，来到一个山洞洞口。王质胆大好奇，心想，人家都说洞里有仙人，我何不进去看个究竟？王质刚进洞中时什么也看不见。顷刻之间，洞顶好像透进来光线，只见两个小孩正在下围棋。王质素好下棋，被两位小孩精湛的棋艺一下子给吸引住了。两位小孩镇定自若，边下棋边吃大枣，有时也顺手把枣递给王质吃。看完一局棋后，小孩对王质说：“你也该回家了。”王质俯身去拾砍柴的斧子，想不到斧柄已经烂朽，只剩下铁斧了。王质回到村里，怎么一个人也不认识了，询问村民，才知道时间已经过去一百多年了，从此，后人就把这座山叫“烂柯山”。

活动一 阅读上述材料，运用时间的有关知识解释这种现象。

活动二 课外阅读霍金的《时间简史》，摘录关于时间的片段。

第18课

爱护同胞

课文《十六年前的回忆》，让我们感受到李大钊等革命先烈视死如归的精神。在民族危难之际，人们又会经历怎样的生活？中华民族生生不息，这和我们民族的精神息息相关，这种精神又是什么？我们又如何传承这种精神？

学习活动

爱护同胞

丰子恺

……

我于故乡失守的前一天，带了家族老幼十人和亲戚三人（自三岁至七十岁），离开浙江石门湾。三个多月之后，三月十二日，幸而平安的到了湖南的湘潭。长沙的朋友代我在湘潭乡下觅得一间房子。我到了湘潭，先住在一所小旅馆里。次晨冒着雪，步行到乡下去接洽①那间房子。好容易走出市梢，肚子饿起来，就在一所小店里吃一碗面。面店里的人听我的口音不是本地人，同我攀谈起来。我一面吃面，一面把流离的经过和下乡的目的告诉他们。我的桌子旁边围集了许多人，对我发许多质问和许多太息。最后知道我下乡不懂得路，大家指手划脚地教我。内中有一位十三四岁的少年，身穿制服，似是学生，一向目不转睛地静听我讲，这时忽然立起来，对我说：“我陪你去！”旁的大人们都欢喜赞善。于是我就得了一位小向导，两人一同下乡去。

冒雪走了约半小时，小向导指着一所大屋对我说：“前面就是你接洽房屋的地方，你自己去找人吧！”我谢了他，请他先回。他点点头，但不回身，站在雪中看我去敲门。

我走进屋子，找到长沙友人所介绍的友人，才知道所定的房屋，已于前几天被兵士占据，而附近再没有空的房子可给我住。那位朋友说：“现在湘潭有人满之患，房屋很不易找，你须得在旅馆里住上十天八天，才有希望呢，一下子是找不到的。”言下十分惋惜，但是爱莫能助[②]。我们又谈了些闲话，大约坐了半小时，我方告别。走出门，心中很焦灼。另找房屋，我没有本地的朋友可托，即使有之，我们十余人住在旅馆里等，每天要花八九块钱，十天八天是开销不起的。不住旅馆，这一大群老幼怎么办呢？正在进退两难，踌躇满志[③]的时候，抬起头来，看见我的小向导还是站在雪中，扬声问道：“房子找到吗？”原来他替我担心，要等了回音才可安心回去。我只得对他直说。他连声说“怎么办呢？怎么办呢？”但也是爱莫能助。我十分感激他的爱护同胞的诚意，想安慰他，假意说道：“我城里还有朋友，可以再托他们到别处去找，谢谢你的好意！我们一同回去吧。”这位少年始终替我担心。直到分别，他的眉头没有展开。后来我终于无法在湘潭找屋，当日乘轮赴长沙。轮船离开湘潭的时候，匆忙中还想起这位爱护同胞的少年，在心中郑重地向他告别。

还有一桩事，是在长沙所见的。有一个下雨的下午，我跑到轮船埠[④]附近，看见前面聚着一簇人，似乎发生什么事件。挤进去一看，但见许多人围着一个孩子，在那里谈论。探听一下，才知道这孩子是从上海附近的昆山逃出来的难民，今年才九岁。原来跟着父母同走，半途上父母都被敌人炸死，只剩他一个。幸有同乡收领，带他到湘潭。但这同乡人自己的生活也很困难，最近而且生病了。这孩子自知难于久留，向同乡借了几毛钱，独自来长沙，做乞丐度日。春寒料峭[⑤]，他站在微雨中浑身发抖。周围都是湖南人。你一句，我一声地盘问他。在他多半听不懂，不能回答。我两方面的话都懂得，就站出来当翻译。因此旁人得知其详，大家摸出铜板或角票来送他。我也送了他两毛钱。群众渐渐散去，我替他合计一下已得布施二元三角和数十铜板。九岁的孩子，言语不通，叫他怎样处置这钱呢？我正为他担忧，最后散去的四位少年就来替他设法。随后，四位少年就带他同走。我正惭愧无法帮忙，少年们举手对我告别，说道："你老人家回去吧，我们会给他想法子的！"我目送这五个人转了弯，不见了，然后独自回寓。我以前曾给《爱的教育》画插图。今天所见的，真像是《爱的教育》中的插图之一。

上述的两桩事，可以证明我们中国人因了暴敌的侵凌，而内部愈加亲爱，愈加团结起来。所以我国民族观念之深和团结力之强，于现今为最烈！少年们富有热情，且出于天真，故其言行最易动人。希望大家利用这国难的机会，努力爱护同胞，团结内部。古语云："众志成城⑥。"我们四百兆人团结所成的城，是任何种炮火所不得攻破的！

（节选自《丰子恺文集·文学卷二》）

【注释】

①接洽（qià）：跟人联系，洽谈有关事项。

②爱莫能助：形容心里非常愿意帮助，但限于力量或条件的限制却没有办法做到。

③踌躇满志：形容对自己取得的成就非常得意。此处应为处境的艰难而犹豫不决。

④埠（bù）：停船的码头。

⑤料峭（liào qiào）：形容天气微寒。

⑥众志成城：万众一心，像坚固的城堡一样不可摧毁。比喻大家团结一致，力量无比强大。

活动一 读《爱护同胞》，分析文章是在怎样的时代背景下创作的？

活动二 复述文章故事，并说说这篇文章表现了怎样的主题？

学习拓展

丰子恺先生的画

2-18-1

2-18-2

2-18-3

活动一　请结合上面三幅画，课外再搜集一些资料，更深入地了解抗日战争，并写一段感想。

第19课

劳者自歌

一张纸是平面的，又是怎样把山、水、人等事物画出“真”一样的呢？如果给你一支笔、一张纸，你能把眼前的景物像“实物”一样画出来吗？学习过绘画中的“透视远近法”理论，可能就明白其中的道理了。

学习活动

月的大小

丰子恺

“啊，今晚的月亮好大！”

“你看这月亮有多么大？”

“我看有饭碗大。”

“不止，我看有三号钵头大。”

“哪里？我看有脸盆大呢。”

“咦！人的眼睛怎的会这样不同？”

“听说看见月亮大的胆子大，看见月亮小的胆子小。……”

楼窗下的弄里有一班人在那里看月亮，谈话。夜静更深，一句一字都清晰地送进楼窗来。这样的话我在月夜不知听到过多少次数了。但每次听到的时候，心中总是疑怪：月亮的大小，他们怎么会说得定？据我看，可大可小，没有一定。记得有一次月夜有人问我：“你看见月亮怎样大？”我把月亮同近处的树叶子比量一下，回答说：“像铜板大。”大家都笑了，说道：“那是一颗星了！不信你看见的月亮这样小的！胡闹！”我其实并非胡闹，但也不分说了。后来又有一次被问，我想这会说得大些吧，便把月亮同远处的房屋的窗子一比较，回答说："我看同七石缸①大。"人家又笑煞，说道："这么大的月亮不要吓死了人？"也有人嘲笑我说："他是画家，画家的眼睛是特别的！"我心中叫冤，但是也无法辩白。

这个问题一直在我心中为悬案，我相信他们不会乱说，但我其实也不是胡闹，更不是要扮画家，其中必有一个道理。一向没有闲工夫去推究，这一晚更深人静，又有对象摆在眼前，我便决意考察它一个究竟。

我把手臂伸直，闭住一目，就用手里的香烟嘴去测量月亮，看见香烟嘴正好遮住月亮。这样看来，月亮不过像一颗围棋子大小。因为香烟嘴之阔大约等于围棋子的直径。我又从离我一二丈远的柳树梢上窥测月亮，看见一瓣柳叶正好撑住了月亮的圆周。这样看来，月亮有一块洋钱般大小（因为一张柳叶之长，大约等于洋钱的直径。以下同理）。我又用离我四五丈远的围墙上的瓦片来同月亮比较，看见瓦片的一边之长恰等于月亮的直径，这样看来，月亮有饭碗大小。我又用离我十来丈远的烟囱来同月亮比较，看见烟囱恰好装在月亮里。这样看来，月亮有脸盆来大小。我又用离我数十丈远的人家的楼窗来同月亮比较，看见楼窗之长也等于月亮的直径。这样看来，月亮就有七石缸一般大了。我想，假如很远的地方有一个宝塔，宝塔一定可以纳入在月亮里，使月亮的直径与宝塔同长。又假如，这里是一片海，海上生明月的时候，远处的兵舰也可全部纳入在月亮里，那时的月亮就比兵舰更大了。

于是我想：世人看物的大小有两种看法。第一种是绝对的大小，第二种是比较的大小。绝对的大小就是实际的尺寸。例如"一川碎石大如斗"，便是说用尺去量起碎石来，都同斗大。又如说孙行者的金箍棒"碗来粗细"，便是说用尺去量起金箍棒来，直径等于碗的直径。比较的大小就是远近法的大小。譬如这条弄的彼端有一个母亲和一个孩子走来，假如孩子跑得快，比母亲上前了数丈，我们望去，便见母亲和孩子一样大；孩子若比母亲上前了十余丈，我们望去便见母亲反比孩子小了。即距离的远近与物的大小成反比例。古人诗云："秋景墙头数点山"，又云："窗含西岭千秋雪"。讲到实物，山比墙和窗大得不可言；但山距离远了，竟小得可以摆在墙头，甚至含入窗中。可知这两种看法，前者是固定的，后者则因距离而变化，没有一定。

看月亮，当然用第二种看法。因为月亮距人很远，虽然天文学者曾经测得它的直径是三千四百km②，但我们不能拿下月亮，用尺来量量看。况且我们这班看月亮的人，都没听到天文学者的报告，即使听到了也未必相信。故月亮是一种可望而不可即的悬空的形象，不比碎石或金箍棒地可以测量实际的尺寸。故说“一川碎石大如斗”，“金箍棒碗来粗细”，都行；但说“月亮像脸盆大”，意义很不明了，须得指定脸盆对你的距离才行。

因为脸盆离你近了，形象会大起来；离你远了，形象会小起来，仅说脸盆大岂可作为尺度？故用东西来比方月亮的大小，其意思应该是：月亮像离我二三尺远的围棋子大，或离我一二丈远的洋钱大，或离我四五丈远的饭碗大，或离我十来丈远的脸盆大，或离我数十丈远的七石缸大，或离我数里以上的宝塔或兵舰大。充其极端，把距离推广到三十九万km的时候，月亮正是一片直径三千四百km的圆形，即月亮同实际的月亮大。反之，若拿一根火柴贴近在瞳孔前窥测，则火柴可以遮住月亮，即月亮只有菜籽般大小。可知月亮的大小，全是与各种距离的实物比较而言，并无一定。这可证明我的话不是胡闹，更不是要装作画家。

但他们的看法毕竟也是不错的。不过没有说出东西对自己的距离，所以使我疑怪。古诗人描写月亮，说像“白玉盘”，像“宝镜”。坊间所编印的小学国语教科书里说，“像个球，像个盘”。可知人们对于月亮的大小，所见略同。即大约像饭碗，钵头，球镜，盘，脸盆等一类东西的大小。换言之，人们都是拿距离自己数丈乃至十数丈的东西来比较月亮的大小的。数丈乃至十数丈，是绘画的观察上最普通的距离。风景中最主要的前景，大都是这距离中的景物。可知人们对月，都能自然地应用绘画的观察法。

（节选自《丰子恺文集·艺术卷二》）

【注释】

①七石缸：石是容量单位，十斗为一石。七石缸即可容七石水的大缸。

②km：kilometre，公里。

活动一 结合文章，说说“绝对的大小”和“比较的大小”含义有何不同？

活动二 收集关于月地距离、引力数据、重力数据的资料，用文中的“透视远近法”画出地球、月球、太阳三者之间运行关系的示意图。

学习拓展

请以“月亮别称与古诗”为主题，以表格形式呈现你的探究成果。

月亮别称	诗句出处
金兔	
蟾宫	
玉蟾	
桂魄	
玉钩	
白玉盘	
婵娟	
总结	

第20课

梦二漫画

竹久梦二本名竹久茂次郎，是有“大正浪漫的代名词”“漂泊的抒情画家”之称的日本明治和大正时期的著名画家、装帧设计家、诗人。他不但打通了所谓纯艺术与设计、工艺等实用美术的边界，而且开启了东洋画坛的新时代。而他的作品也正是借助于当年始于民间和不经意的商业传播，才能够为现代设计留下不朽的业绩，时至今日依然对日本美术有着极其重要的影响。他的作品曾深受鲁迅、周作人、丰子恺等人喜爱，至今影响深远，拥趸甚众。著作有《春》《夏》《秋》《冬》四册画集。

学习活动

谈日本的漫画

丰子恺

竹久梦二，是现存的老翁，他的画风，熔化东西洋画法于一炉。他还有一点更大的特色，是画中诗趣的丰富。以前的漫画家，差不多全以诙谐滑稽、讽刺、游戏为主趣。梦二则屏除此种趣味而专写深沉严肃的人生滋味。使人看了概念人生，抽发遐想。

（节选自《丰子恺文集·艺术卷二》）

绘画与文学

丰子恺

这寥寥数笔的一幅小画，不仅以造型的美感动我的眼，又以诗的意味感动我的心。

记得有一幅，画着一片广漠荒凉的旷野，中有一条小径迤逦地通到远处。画的主位里描着一个中年以上的男子的背影，他穿着一身工人的衣服，肩上搭着一个大补丁，手里提一个包，伛偻着身体，急急忙忙地在路上向远方走去。路的远处有一间小小的茅屋，其下半部已沉没在地平线底下，只有屋顶露出。屋旁有一株被野风吹得半仆了的树，屋与树一共只费数笔。这辛苦的行人，辽阔的旷野，长长的路，高高的地平线，以及地平线上寥寥数笔的远景，一齐力强地表现出一种寂寥冷酷的气象。画的下面题着一行英文：To His Sweet Home"，笔致朴雅有如北魏体，成为画面有机的一部分而融合于画中。

（节选自《丰子恺文集·艺术卷二》）

活动一　欣赏梦二和丰子恺漫画，说一说他们的相同之处和不同之处。

2-20-1

活动二　请根据上述文字介绍的一幅漫画，你尝试将它画出来。

学习拓展

竹久梦二的画

2-20-2

活动一 仔细观察上面作品，谈谈你对画的理解。

第21课

漫画描法（一）

丰子恺先生认为漫画是简笔而注重意义的一种绘画。漫画的“漫”字，同漫笔、漫谈等的“漫”字用意相同。随意取材，画幅短小，故宜于“简笔”。内容精炼，故必“注重意义”。故“简笔”与“注重内容”是漫画的两个条件，要学漫画，必须要练习简笔画，并且练习思考。

学习活动

丰子恺先生的画

2-21-1

2-21-2

2-21-3

2-21-4

2-21-5

2-21-6

活动一 丰子恺先生创作漫画约二十余年，大体分为四个时期：第一是描写古诗的时代，灵感很多来源于他所喜爱的诗词。第二是描写儿童相的时代，憧憬于儿童生活，觉得儿童天真烂漫，变成了儿童崇拜者。第三是描写社会相的时代，描写成人社会的现状。第四是描写自然相的时代，从人生转向自然。上面六幅漫画，分别属于哪个阶段？请说说理由。

活动二 描一幅画只消数十分或数分钟，就叫做简笔。——《丰子恺文集·艺术卷四》

请你对比下面两幅作品，说一说作者是如何体现“简笔”的？

2-21-7

2-21-8

学习拓展

中国画有六法，漫画也有六法：写实法、比喻法、夸张法、假象法、点睛法、象征法。

写实法：漫画家在日常见闻中，选取富有意义的现象，把它如实描写，使看者能在小中见大，个中见全。

比喻法：漫画家对于人生社会的某种问题，欲加以批评或描写；而此问题是抽象的，难于用画表现；乃描写另一具体的东西，以比喻这问题而表示对这问题的意见。

夸张法：漫画家为欲增大作品的效果，常常把主题的特点加以夸张，使成滑稽可笑之状，使读者欢喜信受。

（节选自《丰子恺文集·艺术卷四》）

2-21-9

2-21-10

2-21-11

活动一 结合文字，说说上面三幅漫画主要运用了哪种技法？

第22课

封面设计

20世纪20年代，丰子恺开始为书籍及期刊设计封面插图，成为新文化运动之后最早一代涉足书籍装帧设计的文化学者。他一生为大约三百多本书籍进行过装帧设计，以其独树一帜的风格，开创了中国近现代书籍装帧艺术的新局面。

学习活动

丰子恺先生设计的封面

2-22-1
《我们的七月》

2-22-2
《海的渴慕者》

2-22-3
《春雨》

2-22-4
《中学生》

2-22-5
《中国青年》

2-22-6
《儿童漫画》

2-22-7
《子恺漫画选》

2-22-8
《中文名歌五十曲》

活动一 欣赏以上丰子恺封面设计作品，小组讨论说一说这些封面设计的共同点，可从线条、构图、字体等方面进行概括分析。

活动二 欣赏以上丰子恺封面设计作品，说说有几种封面设计形式。

活动三 丰子恺认为“模仿不等于没有创新”。仔细观察左右两幅图，思考丰子恺是如何借鉴和模仿的呢？将你的想法用简单的几句话写下来。

2-22-9
丰子恺《春雨》

2-22-10
竹久梦二《呵护》

学习拓展

活动一 请你学习模仿丰子恺设计的书的封面，给自己的作文集设计一个封面。

2-22-11

2-22-12

2-22-13

2-22-14

2-22-15

第23课

钟表的脸

每当考试的时候，静静的考场，“嘀嗒——嘀嗒——”，钟表的声音可能让人紧张和兴奋，也可能让人焦虑和惊慌。你平时又是否留意过，钟表也有各种各样的造型？钟表不只是计时的工具，给钟表装上“脸”，就成为艺术品了。那么，你也来设计一个吧。

学习活动

钟表的脸

丰子恺

有一次坐在上海的街车中，偶然向窗外一望，恰巧看见了某建筑上装着的一只大时钟。它的形式颇能牵惹我的注目，使我当时在车中起了种种感想，又使我至今不忘，现在特地把那感想录出来。那时钟的脸上不用罗马字或阿拉伯字表示钟点，只画着十二根粗而短的直线，好像都是一点钟。但三点，六点，九点，十二点的四处，望去样子与别的不同，好像是空心的，或者换一种颜色的。因为街车匆匆即过，没有给我看清楚。它的时针和分针，也是首尾一样粗大的直线，不过尖头上作人字形，好像一长一短的两枝铅笔的投影。这在钟表的形式中是别开生面的。

……

于是拿出油画具来，用cobalt〔翠蓝〕将表面和两针全体涂抹，又用别的颜料在右上角画柳树的一部分，再挂下几根柳条来。然后用黑纸剪成两只燕子，粘贴在两针的头上。这样一来，我的表就好像一幅圆额的miniature

（小型画）。有时两只针恰到好处，表面也会展出很可喜的构图来。至于实用，我只要认明垂直的是十二点或六点，水平的是三点或九点，其他的时间就可在每个九十度角内目测而知了。我作了这个玩意儿，一时很得意，曾经把壁上的挂钟如法炮制，使它变成一幅油画（这件事曾经记录在我的缘缘堂随笔中）。这个挂钟现在还挂在我故乡的家里的东壁上。不过后来我又看厌，早已把杨柳燕子涂去，现在只剩一张白脸和两只黑针了。我和我家里的人，对于“没字钟”已经看惯，大家不要求注阿拉伯字。常来的客人也已不怪，而且会看。几个目力锐敏的小孩子，还能看出几点几十几分半来呢。因有这前缘，我对于钟表的脸的变相特别关切。

（节选自《丰子恺文集·艺术卷三》）

活动一 请根据文中的描述，画一画“丰子恺的时钟”，有条件的同学可以动手做一做。

活动二 根据文章节选，观察下面的时钟，你认为丰子恺先生会挑选哪个？为什么？

2-23-1

2-23-2

2-23-3

活动三 请你以“丰子恺漫画”为题材，做一个“漫画时钟”。画出草图，写出你的创意。

学习拓展

小明同学家里要装修，一家人开心地到了钟表店区选购客厅里要用的时钟。妈妈看到了一个花团锦簇的时钟，很开心，觉得非常的好看。爸爸却不是很满意，爸爸拿起一个简单的只有四根刻度的白色钟表，觉得简单又实用。小明一时间不知道该怎么选择了，你能帮帮他吗？你更喜欢哪一种，并说明理由。

2-23-4

2-23-5

第24课

丰子恺“书屋”

丰子恺先生写过的书有多少呢？后人写过、编过有关他的书又有多少呢？请到学校的图书馆去看看吧。也许你会有惊喜的发现。

学习活动

丰子恺自己写的书

序号	书名	年代	出版社

后人编写关于“丰子恺”的书

序号	书名	编著者	出版社名称	出版时间	开本	定价

活动一 根据年代顺序，将丰子恺自己写的书列一张清单，把上述表格填写完整。

活动二 后人编写有关丰子恺的图书非常多，这些图书大致可以分为几类。请挑选出你认为最有价值的几种填写在上述表格中。

活动三 藏书票和邮票类似，从出现之日起，就演变为收集和收藏的对象，甚至有时其收藏的功能还盖过了藏书的标志功能。原因是，藏书票具有很高的艺术欣赏的特质，它图文并茂，色彩斑斓；一种情托起了藏书票，这种情就是人类对艺术的崇拜和对书籍的热爱。

同学们各选择一本最喜欢的和丰子恺相关的书籍，并设计一张藏书票。评一评谁设计的藏书票最特别、最有新意。

学习拓展

将自己设计的藏书票用版画的形式制作出来，并将其放置在相应的书籍当中。

第25课

英雄贝多芬

路德维希·凡·贝多芬1770年出生于德国波恩，1827年逝世，是维也纳古典乐派代表人物之一，欧洲古典主义时期作曲家，被后世尊称为“乐圣”“交响乐之王”。在他辉煌成就的背后，是一个与厄运抗争的伟大灵魂。

学习活动

英雄的贝多芬

贝多芬的内生活非常复杂，故其性格有各方面：一面是一个威严堂皇的英雄，一面是一个乱暴顽固的狂徒，又一面是一个情节缠绵的恋史的所有者。英雄，狂徒，儿女，他一人兼有这三种资格，他的内生活所以这样奇妙而复杂者，大约是因为他的心中怀着人生的大苦闷的原故吧。他的大苦闷的根源，实在于他所犯的悲惨的聋疾。音乐家与耳聋，是何等相克的仇敌！何况像贝多芬这样无限的大天才，竟遭逢了这惨酷的恶运！

但从他方面想来，贝多芬的聋疾，也许是促成其为古今第一的大乐圣的。语云：“乱世出英雄。”贝多芬是克服了他的耳聋的惨酷的“命运”，而成就其英雄的人格的。

贝多芬有“波恩的英雄”的称号。因为他生于莱茵河流域中最古的都市波恩（Bonn）地方，而其人格与艺术非常伟大，为音乐上的“精神的英雄”。所以后人比之于同时代的政治的英雄拿破仑，说他们两人是十八世纪末叶欧洲两大英雄。

“波恩的英雄”的赞颂者，有这样的话：十八世纪末，欧洲出了一大英雄，生于可尔西卡（科西嘉）孤岛，乘法兰西革命风云即皇帝位，威力震撼全欧罗巴的拿破仑的大名，是读过西洋史的人所不能忘却的。然同时在德意志又出一位比拿破仑更伟大的精神的英雄，我们决不可以忘却。其人就是贝多芬。

贝多芬的伟大，决不仅在于一个音乐家。他有对于人生的大苦闷，与精练的美丽的灵魂，他是心的英雄。他的音乐就是这英雄心的表现。

在贝多芬稍前的时代，欧洲乐坛上的大圣是莫扎特。然莫扎特的音乐的价值，毕竟止于一种“音的建筑”，即仅因音乐的“美”而有存在的意义而已。至于贝多芬，则更有异彩，他的音乐是他的伟大的灵魂的表征。莫扎特的音乐是感觉的艺术，贝多芬的音乐是灵魂的声响。

贝多芬的生涯中，遭逢着耳聋的最惨酷的恶运，他的后半生全是对这恶运的苦战。音乐家遭逢耳聋的恶运，这是何等惨酷的致命伤！倘没有伟大的精神，当然一定屈服在这恶运的足下了。然而贝多芬决不屈服，誓志与这命运作战。终于克服了这命运，而表现其英雄的伟业。他的全生涯中最伟大的作品《第九交响乐》，是全聋后的所作。聋子能作音乐，已是妙谈；而况所作的又是世间最伟大的杰品！可知命运对于人类，只能操纵怯弱懦夫，而无可如何这伟大的精神的英雄。贝多芬的聋疾，起于二十八岁的时候（一七九八年）。自此至五十七岁（一八二七年）逝世，其间的二十余年的日月，全是聋疾为祟的时期。然而大部分的作品却在这时候中产生。直到入了全聋期，站在演奏台上听不见听众的拍掌声的时候，他仍是继续作曲，终于作出了最伟大的《第九交响乐》而搁笔。临终的时候，他口中还这样叫叹：

“唉，我只写了几个音符！”

在这句话中可以窥见他的抱负的伟大。

贝多芬的《第五交响乐》标题为《命运交响乐》(*Fate Symphony*)。贝多芬自己曾经指这曲的第一乐章的第一主题说：

“命运来叩门的声音，正是这样的。”

这曲的第一主题力强而凶恶，可以使人联想命运的不可趋避的威力。第二主题用哀怜的旋律，描写避虐的人类。这两主题的对立，就是命运与人生的对立。第二乐章描写人对于命运的一时的胜利的欢喜。第三乐章是第二次来袭的命运的威胁。第四乐章是人类得到了最后的胜利的凯歌。这是人类与命运的葛藤的音乐化，也是贝多芬自己的英雄的生活的写照。

（节选自《丰子恺文集·艺术卷二》）

活动一 贝多芬只是一个音乐家，作者为什么称其为英雄？

活动二 课外查阅贝多芬的相关资料，完成下面的贝多芬履历表。

时间	事件
1770年12月16日	
1774年，4岁	
1787年，17岁	
1796年，26岁	
1801-1806	
1806-1824	
1826-1827	

学习拓展

想象贝多芬弹奏《月光曲》时的情形，抓住眼睛、头发、鼻子等细节描绘贝多芬的外貌。（不少于150字）

第26课

油画博物馆

油画的前身是15世纪以前欧洲绘画中的蛋彩画，后经尼德兰（荷兰）画家扬·凡·艾克（Jan Van Eyck，1385年—1441年）对绘画材料等加以改良后发扬光大。近代油画多用亚麻子油调和颜料，在经过处理的布或木板上作画，油画颜料不透明，覆盖力强，所以绘画时可以由深到浅，逐层覆盖，使画面产生立体感。

学习活动

发明油画的兄弟画家

丰子恺

比利时的美术，比荷兰发达更早。在五百年之前，即十四五世纪之间，早已有两位兄弟大画家出世。这两人姓房·爱克（凡·爱克）。西洋人称房·爱克家兄弟二人为“北欧的画祖”。

为什么称他们为“画祖”？因为这两位兄弟画家是现今西洋最盛行的“油画”的发明者。

油画是什么样的一种画法？

西洋画是用油画颜料画在帆布上的。西洋画所用的帆布，是用麻制成的，质料很坚牢，就是浸在水里，也不容易破损。西洋画所用的油画颜料，是同漆一样的东西，用很硬的猪毛笔蘸起一朵，像泥司粉石灰一般地堆涂在麻布上；涂得不好，不妨用刀刮去，改涂一朵。故我们知道，油画趣味比中国画浓重，描画手续比中国画麻烦，置备材料也比中国画费钱。西洋画为什么一定要选取这种麻烦而费钱的油画呢？

油画的好处有三点：第一，是可以永久保存。因为油画所用的地子是麻布，质地非常紧牢，风吹，日晒，水浸，都不能损害它。绘画能够永久保存。第二点好处，是油画可以大小自由。最大的油画，宽广不妨数丈，便是壁画。最小的油画，可以画成名片大小，名曰“密画”。第三点好处，是油画的描写便利。因为油画所用的颜料是一种漆，涂上一笔油画颜料，画布的地子就被遮盖，不会显出别的颜色来。

（节选自《丰子恺文集·艺术卷二》）

万人嘲骂的大画家

丰子恺

距今八十余年前，即一八七四年的八月十五日，法国那达尔地方忽有一个新派的绘图展览会开幕了。人们走进去参观，但见会场中所陈列的油画，都是一条一条的五色的颜料的乱涂，而看不出所描的是什么东西。于是参观者大失其望，没有一个人不唾骂而退出会场去。因为那时候，一般人所能鉴赏的绘画，是米勒一派的作品，或米勒以前的更旧派的作品。那种作品，大都分明地表出着物象的形状，又其物象大都含有高尚深刻的意义——例如圣母的姿态，田园的美景等——这才可使一般人理解，欣赏，又赞美。现在这新派展览会中的绘画，不易看出物象，又没有意义，而全是一条一条的五色的颜料的乱涂，当然要惹起他们的唾骂了。所以这展览会开过之后，社会上的批评非常不好。尤其是这新派中的首领画家莫内〔莫奈〕(Claude Monet，1840—1926)，受万人的嘲骂。八月二十五日的报纸上，就登出了一篇嘲骂莫内的新派绘画的文章，其题目是:《印象派作家展览会》印象，就是我们看了物体后心中所感到的大体的模样。因为这新派展览会中的绘画，只描写物体的模糊的大体印象，其画题也大都是“某物的印象”。例如莫内有一幅画，是描写太阳初出时的天空中的五彩绚烂的大体的模样的，题曰《日出的印象》。所以这篇批评文章就袭用他们的画题中的“印象”二字，称他们为“印象派”。这原是嘲笑他们的意思。

但最初创造印象派画法的人，不是莫内而是马内[①]。

马内最初发见光与色的价值，他的描写渐渐注重光与色的表现；但外形不甚新奇。莫内赞同他的主张，且把他的研究推进一步，不注重于物的形状，而竭力注重光与色的表现，结果就变成一条一条的灿烂的色彩，而不易辨别物体的形状，便建立了“印象派”的艺术。

（节选自《丰子恺文集·艺术卷一》）

【注释】

①爱德华·马内〔马奈〕(Édouard Manet，1832—1883）是19世纪印象主义的奠基人之一，1832年出生于法国巴黎。

活动一　阅读《发明油画的兄弟画家》，对比中国画和油画有什么异同？

	中国画	油画
绘画工具		
画布材质		
上色效果		

活动二　请认真读一读丰子恺的文章《万人嘲骂的大画家》，说一说丰子恺是如何欣赏马奈的作品的？

2-26-1

2-26-2

2-26-3

学习拓展

第一幅图为丰子恺的《踏青挑菜》，第二幅图为法国著名画家马奈的油画《草地上的午餐》，请你比较一下，这两幅画有什么不同呢？请用美术语言进行描述。

2-26-4

丰子恺《踏青挑菜》

2-26-5

马奈《草地上的午餐》

	《踏青挑菜》	《草地上的午餐》
构图		
色彩		
线条		
明暗		
其他		

第27课

外光描写的科学的实证

大家已经了解一些画派了。如写实派"如实描写眼前的人生自然"，印象派则更彻底一层，如实描写眼前的人生自然的时候"特别注重眼的感觉而闲却头脑的思想"，于是发见"光"与"色"，即以光与色为绘图的本身。现在就让我们了解一下画中的科学奥秘吧。

学习活动

外光描写的科学的实证

丰子恺

至于现在要说的新印象派（即点描派），则比印象派更为彻底，非但以光与色为绘画的本身，又更加科学地研究光的作用、色的分化。例如几分红与几分黄合成如何的感觉？几分明与几分暗作成如何的效果？作画简直同配药一样。所以说这是外光描写的科学的实证，即印象主义的极端。新印象派的画家知名者有三四人，即：修拉（Seurat，点描法创始者）西捏克〔西涅克〕（Signac）马当（Martin）西达纳（Sidaner）。到这时候，自然主义的路已经走得山穷水尽，绘画非另觅别的生路不可了。这新的生路就是"后期印象派"。

他们用科学实证新印象派的原理，大意如下：

（一）固有色的否定——在自然界中，色彩不是独立而存在的。我们所看见的色彩，全是不定的幻影。何以故？因为色彩的显现，是为了有太阳的原故。万物本来没有所谓"色彩"，太阳的光线照在其表面，方才生出色彩来。又万物本来没有色彩，故也没有“形”。我们所见而所称为形的，无非是“色的轮廓”而已。故倘无色彩，即无形。这样说来，在自然界是没有色与形的区别的。现在不过是为了便于说明而假定区别之为色与形而已。那么我们何以能看见物的“形”，即“色的轮廓”呢？这是因为我们能识别“色的面”。种种的色的面集合起来，就成为映于我们的眼中的“物象的形态”。但如前所述，色是由太阳的光而生的，故太阳的光倘消灭了的时候，一切“色的轮廓”，一切“色的面”，即一切“物象的形态”也必然从我们的认识中消失了。太阳的光线或垂直射来，或斜射来，其程度千差万别，故所生的色亦千差万别。（光颜色的不同是由于光的波长与频率不同造成的——编者注）约言之，七原色以外的色，实由七原色的互相调合而成。关于这一点在后面再当详说。总之，一切的色，由太阳之光而生，物体自身不是本来具有色彩的。因此从来所谓“固有色”（“local colour”），非否定不可。

（二）阴的否定——光线分解的第二结果，即“阴”不是光的分量的缺乏，而是“性质不同的一种光”。即风景中的阴，不是缺乏光的部分，而是“光较低的部分”，即不外乎七原色的光线用了与阳部不同的速度而射走到的部分而已。以前的画家，一向对于阴与光当作相对的二物。例如描写某物体当着日光的情景，其光愈强则其阴影愈浓且暗。但在实际上，光愈强，阴的部分必与之成比例而加明。印象派的画家着眼于这实际的点。于是光与阴失却了相对的关系，阴也被当作一种光看待。即画家在阴的部分也能看出太阳的光的作用。因之描阴的部分时不用鸢色或黑色的调子及传习的配色法。在莫南（莫奈）的画中，阴影的部分用青、紫、绿及橙黄，比光的部分更用得多。这就是阴与光的区别不是性质的反对，仅不过是色的斑点的分量的多寡而已。阴与光失却了相对的关系，其结果画面就变成平面的，映于我们眼中的，只是渺渺茫茫的一片光在那里波动，犹如有杂多而闪烁的斑点的海面。

（三）色的照映——表现了光的分解的印象派画家，否定固有色，否定阴的绝对的存在，同时在他方面当然又夸耀其对于色的照映的敏感。现在请把“色的对比”略说一说：

欲研究色彩，最初必须承认这前提：“我们所以能感知物的色相者，是因于光投射于其物的原故。”而这光投射到物的表面的时候，必然有反射。这反射（reflection）有正则反射与不规则反射二种。前者例如投射于镜等极平滑的面上（如下图），AM为投射线，BM为反射线，以中央的垂直的假定线NM为规则，而AMN的角度与BMN的角度相等，且三线必在同一平面内。这样的叫做正则反射。即反射的方向是一定的。然而在我们四周围的实际的现象中，这种反射很稀有，大都是不规则的反射。所谓不规则的反射，即指说光的反射的方向多种多样的状态。物体的表面大都有无数的凹凸。就是黑板、书、纸等看似平滑的东西，其面也由微细的凹凸作成。光投射到这种有许多凹凸的面上，就与投射到平滑的镜面上的情形不同，其反射的光必向杂乱的许多方向射走，而交互错综。所以不规则反射又名乱反射。不直接当受太阳的光线的地方所以也能明亮者，便是这不规则反射的作用。又在室内，倘然光只从一小窗射入，而室内没有正反射的时候，则反射光走向某一定方向，只有这一定方向明亮，而我们只能在这一定方向内感知物体的色相，别的地方都看不见了。然而在实际上这样的事差不多是没有的。在实际上，室内有种种的物件，桌、椅、床、壁、板，这等物件的表面上都发生乱反射。其反射光碰着别的物体的表面，又发生第二次的乱反射。因这原故，在只有一小窗的房室中，决不只在某一定方向可感知事物；必然因了这乱反射与第二次第三次……乱反射，而室内全体相当地明亮，故我们可以感知室内全体的色相。

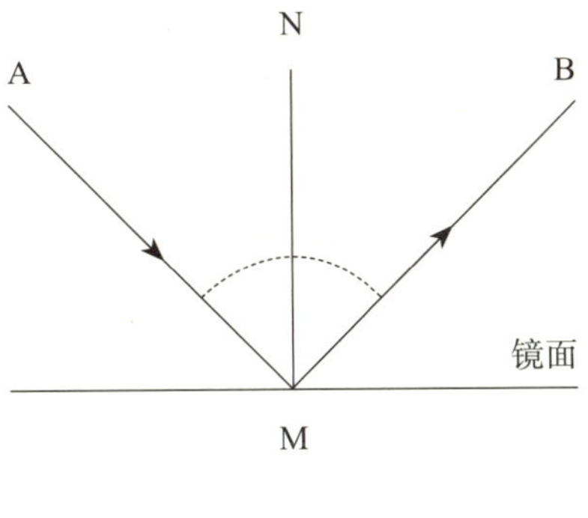

因为大多数的物体的表面有光的乱反射出现，故二个以上的物体并存的时候，其反射光互相照映，就发生“色的照映”一事，例如把赤的物体与紫的物体放在一处，对它们注视，不久就觉得赤色物体的接近紫色物体的一

边带了橙色，紫色物体在接近赤色物体的一边带了青紫色，二色互相照映，是普通常有的情形。这是因了此色（赤）的补色（青绿）投射于彼色（紫）上，同时彼色（紫）的补色（黄绿）投射于此色（赤）上而起的现象。这就是前述的修佛罗所作的实验。

（节选自《丰子恺文集·艺术卷一》）

活动一 请动手做实验，理解印证文中所说的概念。

活动二 理解文中所说“色的轮廓”“色的照映”“补色”，并尝试调试画画。

学习拓展

课外阅读丰子恺先生的文章《模糊的名画》，搜集西涅克的资料，了解其传奇的故事，欣赏其名作。

2-27-1

2-27-2

2-27-3

第28课

谈中国画

美术课中我们学习了“中国传世名作”，对中国画有了一定的了解。中国绘画，萌芽于黄帝时代，成立于六朝时代，发展于唐代，繁盛于宋代，元、明、清三代大家辈出。中国的绘画史，可谓庄严灿烂。丰子恺先生有很多关于中国绘画的知识，让我们一起来学习吧，以帮助我们提高中国画鉴赏能力。

学习活动

读画史

丰子恺

中国画家描人物，特别注重眼珠的描法，即所谓点睛。睛因为特别重要，画家往往迟迟不点。以不点睛著名的，有最古的两位画家：晋朝的卫协，尝画《七佛图》，不点眼睛，谓点睛即欲飞去。卫协的弟子顾恺之画人物，亦数年不点睛。人问之，答曰：“四体妍蚩，无关妙处；传神写照，正在阿睹之中。”关于他的点睛，还有一段逸话，大意是这样：瓦棺寺募化，士大夫所捐无过十万钱者，恺之素贫，却认捐百万钱。人以为大言。恺之命寺僧备一壁，闭户一月余，于壁上画维摩诘像一躯。工毕，将点眸子，观者云集。户开，画像灿烂光照一寺。恺之命僧众向观者求施，得百万钱。

后来关于龙的点睛，更有神奇的记载：梁张僧繇（yáo）于金陵安乐寺画四龙于壁，不点睛。每曰：“点睛即飞去。”人以为诞，因点其一。须臾，雷电破壁，一龙乘云上天，不点睛者皆在。

看了这种记载，我对于中国古画真有些儿神往。可惜现在空留这几段逸话，若得卫协的《七佛图》，顾恺之的《维摩诘像》，或者张僧繇的《三龙》（一龙已乘云上天了）还存在于世上，即使逼地保藏在大英博物馆里，我也颇想筹措旅费，专诚往观。但这是不可能的事，现在只许我凭空想象而已。

中国画的贵重点睛，我想是为了中国画根本不求形似而重气韵的原故。据画论所说，气韵必在生知，不可学而能。又说山川草木皆有神韵。假如有人间，气韵，神韵，究竟是什么东西？照画论的说法，只能以“不可言传”“微妙不可说”一类的话回答他。我想，山川草木的神韵固然难于言喻；若换了人物，也许容易说明些。因为人物的神韵，主在于眼睛的表情上。我们只要想象：与盲人相对，只为了他那两个眼框里少两点黑珠，因而其人没有神气，即使同他联袂促膝，终觉得隔膜，好像不能彼此心照神会，无法畅叙衷曲似的。反之，若在那两个眼框里点了两点黑珠，即使隔着很远的距离，一在墙内，一在墙外，恋爱者也能眉眼传情，或者“目成”。“临去秋波”更能使人难于禁受呢。正经地说，“亚圣”孟子也曾有话：“存乎人者，莫良于眸子。眸子不能掩其恶。胸中正，则眸子瞭焉。胸中不正，则眸子眊焉。听其言也，观其眸子，人焉廋哉？”可知睛是传神的气官，人的心情会由睛而漏泄出来。试画同样的几个人像，面上都只画眼框而眶内无珠。然后把各式的眸子点进去，或大或小，或全或半，或上或下，或左或右，点好之后一一观看，可见种种不同的神气。点睛的重要之理，于此可以窥见一斑。其所难者，不能任取一式，而必须与全身姿势态度相照应。换言之，某种身体的姿势态度，应取某种式样的眸子；眸子一改变，全身也须改变。画家之所以迟迟不点睛者，岂真怕他飞去？

读中国画史勿必拘泥于事实，但会其意旨。正如看中国画勿必拘泥于形似，但赏其神韵可也。

（节选自《丰子恺文集·艺术卷二》）

中国绘画的完成

丰子恺

六朝之后的隋朝，治世仅五十年。也有两位画家，即展子虔与郑法子。中唐人才更多：吴道玄、李思训、李昭道父子等，都是绘画史上数一数二的人物。

吴道玄字道子，是玄宗时阳翟人。他起初也学铁线描及游丝描，后来反对这种细描，开始用粗细不同的线。从前描线时，腕的用力不分轻重，一律到底，仿佛现在的用器画一般。吴道子开始用写字般的笔法来描线，用力或轻或重，挥笔或快或慢，一视对象的性质与主观的感觉而定。故其笔富有生趣。因此人称吴道子的线条曰“吴带当风”。

六朝、五代及宋朝都是中原多事的时期，而绘画在这些时期中特别繁荣。环境混乱，生活不安定，人心中的积郁无从发泄，便向绘画艺术的自由天地中去找求生趣。

（节选自《丰子恺文集·艺术卷三》）

活动一 认真阅读丰子恺先生的文章，并给下面四幅画排序。

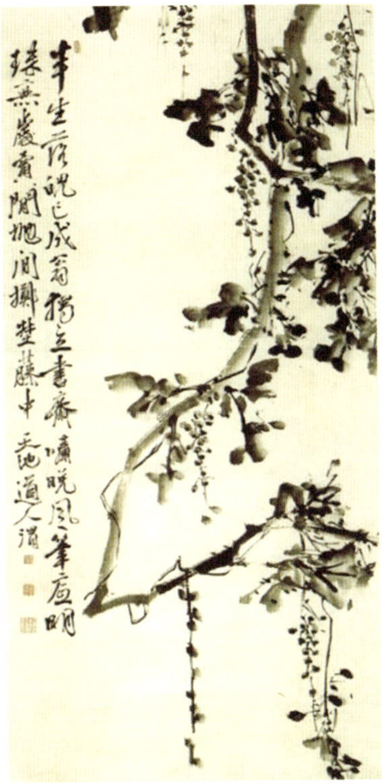

2-28-1

徐渭《墨葡萄图轴》

2-28-2

范宽《溪山行旅图》

2-28-3
仿王维《江山雪霁图卷》

2-28-4
顾恺之《洛神赋图》

活动二 丰子恺在讲中国画中提到了点睛、写意，那么什么是点睛？什么是写意？如何进行点睛和写意？

活动三 纵观中国古代人物画，在表现技法上大致可分成三类，一为白描画法，二为工笔重彩画法，三为写意画法（简笔画法），下面有三幅图，说说他们的画法分别有什么特点？

2-28-5
吴道子《八十七神仙图》——白描

2-28-6
顾闳中《韩熙载夜宴图》——工笔重彩

2-28-7
梁楷《李白行吟图》
——写意画法

学习拓展

中国山水画的技法处理

空间：中国山水画要求“以小观大”“折高折远”，游动视点，把高远、平远、深远巧妙地加以灵活运用。

构图：比之人物、花鸟画，更重视“势”的表现与“开合起伏”。所谓“势”也就是具体形象之间的联系，并巧妙地利用空白。赏析画作，体会计白当黑的妙处。

笔墨技法：笔法主要表现为勾、皴、点、染，强调用笔、用墨，设色重视随类赋彩，笔中有墨，墨中有笔，彼此互相渗透，极尽千变万化之能事。

2-28-8
马远《寒江独钓图》

2-28-9
董源《夏山图》

2-28-10
春水归舟（中国画）现代张大千

活动一 欣赏以上作品，并从空间处理、构图、笔墨技法等方面说出你的理解。

第29课

丰子恺故居

浙江嘉兴桐乡石门是个江南水乡，是著名文学家、艺术家丰子恺的故乡。石门镇古称石门市，形成于春秋时期，距今已有两千五百多年历史。相传越国为了抵抗吴国，在此垒石为门，故称“石门”。石门又称杭白菊之乡，也是良渚文化的遗址之一。丰子恺曾说过“石门是个好地方”，也是当年乾隆皇帝南巡的必到之地。石门紧靠古运河，文化底蕴不亚于乌镇，有古韵石门之称。

学习活动

据丰子恺1940年所著的《桐庐负暄》一文中记载：“我们的老家，是浙江汤溪，地在金华相近，离石门湾约三四百里，明末清初，我们这一支从汤溪迁居石门湾，三百余年以后，几乎忘记了自己的源流。直到二十年前，我在东京遇见汤溪丰惠恩族兄，相与考查族谱，方才确知我们的老家是汤溪。据说汤溪有丰姓数百家，自成一村，皆业农。惠恩是其特例。我初闻此消息，即想象这汤溪丰村是桃花源一样的去处，其中定有良田美池，桑竹之属，和黄发垂髫怡然自乐的情景，而窃怪惠恩逃出仙源，又轻轻为外人道，将引诱渔人去问津了。我一向没有机会去问津，到了石门湾不可复留的时候，心中便起了出尘之念，想率妻子邑人投奔此绝境，不复出焉，但终于不敢遂行，因为我只认得惠恩，并未到过老家。”言词之间，足见丰子恺先生对祖地的向往与眷恋。

丰子恺故居位于桐乡市石门镇梅纱弄39号，年代为近现代，类别为近现代史迹。1986年3月18日，丰子恺故居被公布为桐乡市文物保护单位。京杭大运河自杭州流至桐乡县石门镇，形成一个120度的大湾折向东北，在转弯附近，有一幢坐北朝南的宅院，这便是现代著名画家、文学家、美术家、音乐家、教育家、翻译家丰子恺的故居缘缘堂。

活动一 请在浙江省地图中，标出汤溪镇与石门镇的位置，设计一条汤溪镇到石门镇的路线，并制作一份出行活动方案。

活动二 同学们，我们参观了丰子恺先生的故居，也对丰子恺先生有了一定的了解。请你列一份汇报提纲，制作PPT，对此次参观活动做一个汇报。

学习拓展

最初的缘缘堂是丰子恺在上海江湾永义里的一个宿舍，当时他正在立达学院教书。1927年初秋，丰子恺的恩师弘一法师来到上海，住在他家里。丰子恺就要求恩师为他的寓所起名，弘一法师让他在小方纸上写上许多他喜欢而又能互相搭配的文字，团成许多小纸球，撒在释迦牟尼画像前的供桌上抓阄。结果丰子恺两次都抓到了“缘”字，于是就取名为“缘缘堂”。当即请弘一法师写成一幅横额，装裱后挂在寓所里。丰子恺后来迁居嘉兴，又迁居上海，都把缘缘堂的匾额挂在居屋里，“犹是形影相随，至于八年之久”。

2-29-1

2-29-2

2-29-3

丰子恺先生位于上海的旧居名曰“日月楼”。二楼的阳台东南西三面开窗，顶上加一天窗，坐在屋里就能观赏日升月落，斗转星移，因此得名。斜倚在窗台，翻开一本书，偶尔，抬眼看看楼下往来的人，看看和煦的阳光穿过稀疏的叶，洒下一片斑驳的影。

2-29-4
缘缘堂

活动一　看了丰子恺故居的文字和图片介绍，谈谈你的感想。

第30课

透视法

你一定在物理学中学过，人的眼睛望出去的线，叫做视线，视线一定是直线，不会弯曲的。但这是科学上的说法。在艺术上，说法又不同。从艺术上看来，人的眼光，有时是直线，有时是曲线。人在幼年时代，眼光大都是直线的。年纪长大起来，眼光渐渐变成曲线。这又是为什么呢？

学习活动

艺术的眼光

丰子恺

透视法，又名远近法，英文叫做Perspective。这是对于“形状”的“眼光放直法”。换言之，就是把眼前的立体形的景物看作平面形（当它是挂在你眼前的一张画）的方法。你眼前的各种景物，对你的距离远近不等：一枝花离开你数尺，一间屋离开你数丈，一座山离开你数里。但你要把这些景物描在纸上时，必须撤去它们的距离，把它们看作没有远近之差的同一平面上的景象，方才可写成绘画。“远近法”这个名词，就是从这意义上来的。要把远近不同的许多事物拉到同一平面上来，使它们没有远近之差，只要假定你眼前竖立着一块很大的玻璃板（犹似站在大商店的样子窗〔橱窗〕前），隔着玻璃板而眺望景物，许多景物透过了玻璃板而映入你的眼中时，便在玻璃上显出绘画的状态。“透视法”这个名词，就是从这意义上来的。

物体的大小高低等形状，实际的与透视的（绘画的）完全不同。实际上同样的，在绘画上有种种变化；距离远近一变，大的东西会变成小，方的东西会变成扁。位置上下一变，高的东西会变成很低，低的东西会变成很高。例如：笔直的马路旁边，种着同样高低的许多树。你站在马路中眺望树列。忘记它们的远近。当它们是面前一块大玻璃板上的现象时，便见树木越远越小越短。又如很长的走廊的天花板上，装着许多电灯。你站在走廊的一端眺望时，用上述的看法，便见电灯越远越小越低。再看走廊的地板，便见越远越小越高。

研究这种形状变化的规则的，就是远近法。远近法的要点，是“视线”与“视点”。在玻璃板上画一条与观者的眼睛等高的水平线，这就是“视线”。再从观者所站立的地方向上引一垂线，二线在玻璃板上相交，这交点就是“视点”。此时眼前一切物体的形状的变化，皆受视线与视点的规律。凡在视线上面的（实际上，就是比观者的眼睛的位置更高的东西。例如电灯，屋檐等），近者高而远者低。反之，在视线下面的（实际上，就是比观者的眼睛低的东西，例如教室里的凳子，走廊里的地板，铁路等），近者低而远者高。在画中，视线就是地平线。视点就是观者所向的地平线上的一点。上下左右四方一切物体，皆由视点的放射线规定其大小的变化。

由上文可知物体的透视状态，与实际状态完全不同。实际上大的东西，在透视上有时变得很小。实际上高的东西，在透视上有时变得很低。对风景时要作透视的看法，只要不想起实际的东西，而把眼前各物照当时所显出的形状移到所假定的玻璃板上，便可看见一幅合于远近法的天然图画。例如你站在河岸上，看见最近处水面上有一只帆船。稍远，对岸有一座桥。更远，桥后面有一座山。最远，山顶上有一支塔。这时候你可想象面前竖立着一块大玻璃板，而把远近不同的船，桥，山，塔，一齐照当时所显现的形状而拉到玻璃板的平面上来，便见一幅风景画。但当你拉过来的时候，必须照其当时所显现的形状，切不可想到实物。倘然当它们是实物而思索起来，就看不见天然的图画了。因为当作实物时，一定要想起“桥比船大，塔比桅粗，山比帆高”等实际的情形。但在透视形状中，完全与你所想的相反：桥比船小得多，塔比桅细得多，帆比山高得多。帆船中的小孩子，其身体比桥上走的大人大到数十倍呢。倘照实际大小描写，便不成为绘画。故风景必合乎远近法，方成为绘画。即现实必用直线的眼光看，方成为艺术。

（节选自《丰子恺文集·艺术卷四》）

学习活动

活动一 西洋画家作画时，第一要确定画者所站立的地点，且这地点不能变动。所以一幅画中，只有一个中心点，称为“消点”，即与人眼睛等高的地平线的一点。——《丰子恺文集·艺术卷三·西洋画技法》你能找到此图的消点吗？

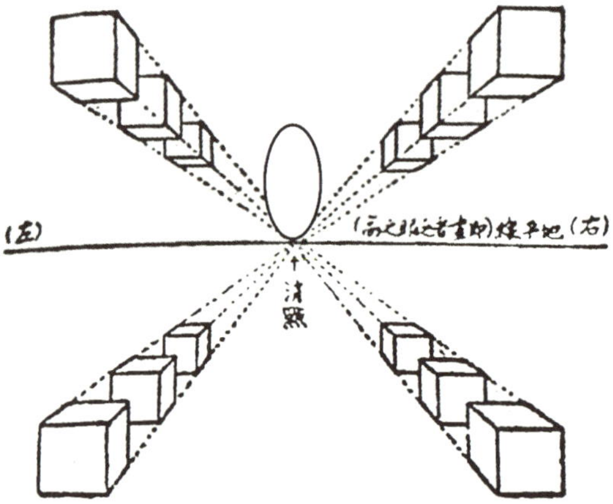

2-30-1

活动二 学习上面文字，请按照左边木桩的透视方法，将右侧的小路也添加上木桩，注意木桩的大小和间距，表现出纵深感。

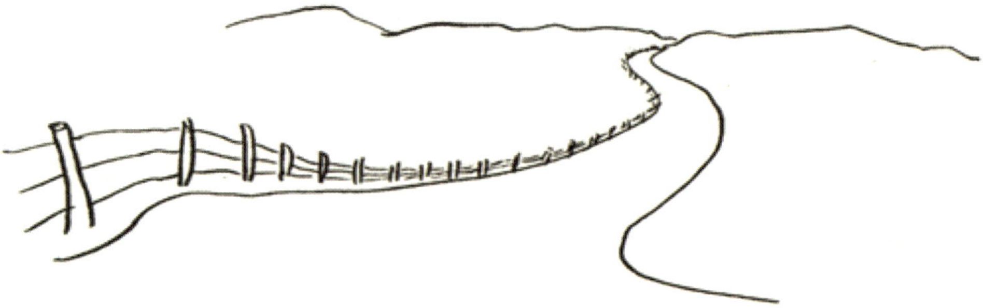

2-30-2

学习拓展

欣赏以下丰子恺的漫画，看看画面中用到了哪些透视原理呢？如：近大远小、近高远低等，并和小组的同学探讨分享。

2-30-3
跟跄趋讲席

2-30-4
游春人在画中行

2-30-5
孤儿与娇儿

第31课

植物写生

丰子恺先生的漫画作品中，有几种植物出镜率非常高，你知道是哪几种吗？也让我们学着画画吧。

学习活动

丰子恺先生的画

2-31-1

2-31-2

2-31-3

活动一 你认识这几种植物吗？请你结合上述三幅画分析丰子恺先生的漫画在构图、笔法、用色上的特点。

角度	构图	用笔	用色
特点			

活动二 下列丰子恺先生的作品，每幅缺少一些植物，请你根据构图，尝试添加两种植物，使画面完整。注意用笔、用色和画面构图的需要。

2-31-4

2-31-5

学习拓展

同学们，在我们的美丽校园中，也有像丰子恺先生画中的小景植物。你想学一学丰子恺先生的作品，和自己的小伙伴一起走到校园中去写生吗？趁着好天气，赶紧出发吧！

要求：

（1）用自己喜欢的表现方式（线描、水彩笔、蜡笔等）对植物写生。

（2）选择合适的构图（横构图、竖构图）。

（3）要注意叶子间的主次、大小、疏密关系及线条的曲直变化。

第32课

扇子的艺术

我国的扇文化有三千多年的历史，我国素有“制扇王国”的称号。中国人爱画扇子，爱用扇子。丰子恺先生的漫画和散文作品中，也多次出现了扇子的身影，请你想一想，为什么大家都这么喜欢扇子呢。课外读丰子恺先生散文《尝试》《爸爸的扇子》。

学习活动

构图法

丰子恺

凡一物象在画中的位置，不可太偏，但亦不宜太正。位在画面约三分之一处，最为美观。

凡二个以上之物象布置在画中，不可东西零乱，亦不可规则排列。必须有规则而又有变化，方为美观。

凡二个（或以上）物象布置在画面中，必须互相照应，不可左右反背。

数个物象布置在画中，高低进出，宜参差变化，切忌作阶梯形。

许多物象置在画中，须注意画面的均衡，勿使有轻重而倾侧。

画面中同方向的形体不可太多，宜与异方向的形体互相对照。

画面中直线与曲线对照，亦有美的效果。画面勿用物象满，宜有空地，则爽朗空灵。

（节选自《丰子恺文集·艺术卷四》）

爸爸的扇子

丰子恺

今天放学回家后，弟弟从便所出来，笑嘻嘻地告诉我说："爸爸的一件宝贝落在我手里了。你看！"他拿出一把扇子来。我接过来一看，正是这几天爸爸手里常常拿着的一把。料想这一定是爸爸遗忘在便所里的。弟弟说："我们暂时不要还他。等他找的时候，要他讲个故事来交换！"我很赞成。同时我想："爸爸天天捧着扇子在院子里踱来踱去地看，究竟扇子上有些什么花样？现在让我仔细看它一看。"但见一面写着字，全是草书，一个也识不得，一面描着画，有山，有树木，山间有一间房子，房广的窗洞里面有一个人，驼着背脊，伸着头颈，好像一只猢狲，看了令人觉得可笑。别的东西也都奇怪：那山好像草柴堆，一条一条的皱纹非常显著。那树木好像玩具，上面的树叶子寥寥数张，可以数得清楚。那房子小得很，只有一个窗洞，窗洞中只容一个人。而且孤零零的，旁边没有邻居，前后左右只是山和树。我不禁代替那猢狲似的人着急：设想到了晚上，暴风雨把这房子吹倒了，豺狼虎豹来吃这人了，喊"地方救命"也没人答应。细看这环境里，全是荒山丛林，没有种米的田，种菜的地，不知这人吃些什么过活？这总是爸爸的朋友中的某一位画家所描的，不知这位画家为什么选择这样的光景来描在爸爸的扇子上？难道他自己欢喜住在这样的地方的？不然，难道是爸爸欢喜住在这种地方，特地请他这样描的？我心中诧异得很，就把这感想告诉弟弟。弟弟说："上面有字呢。你看他怎么说的？"我把扇子左角上题着的两句诗念出来："闲坐小窗读《周易》，不知春去几多时。"《周易》我知道的，是中国很古的、又很难读的一部古书，就对弟弟说："啊，原来这人住在这荒山中读古书，读得连日子都忘记，春去了几多时也不晓得呢！"弟弟说："前天我们班里的陈金明在日记簿子上写错了日子，先生骂他'糊涂'。这人连春去了几多时也不晓得，真是糊涂透顶了！"他想了一想，又自言自语地说："扇子上为什么描这样的画，又题这样的诗？这有什么好处呢？"

（节选自《丰子恺文集·艺术卷三》）

扇子的艺术

丰子恺

我们在西洋画中从未见过描着铅笔画，水彩画，或油画的扇子；反之，在中国画中，扇面占据特殊的地位。书画家的润例中，大都备有“扇面”一格，而且有的润笔特别贵；裱画店的壁上，常常粘着扇面裱成的画轴，这种画轴在厅堂书房的装饰中被视为特别雅致的一种。这足证在过去的中国，绘画艺术特别发达，不但堂室中处处挂画，连夏日的实用品的扇子都被划作画家的用武之地；因此把这实用品“艺术化”，使成为一种脱离实用而独立的艺术；一种“为扇面的扇面”。又足证在过去的中国，人的生活特别悠闲，不但有工夫摇扇，又必摇描着绘画的扇，以求身体与精神两方的慰安，灵肉一致的快适。

故扇的画法，与扇的用法，都是中国人所特长的艺术。讲到画法，因为它的轮廓形状特殊，画的布局也另有一道。画材大都宜用物象的部分——例如花的折枝，竹林的一部，悬空似的果物。或者宜用不显示地平线的风景——例如连绵的群山，起伏的丛林，云雾掩映的风景。总之，扇面上不宜显示地平线，因为轮廓作弧形，地平线从左上角通到右上角，把扇面划分为畸形的上下两部，有碍美观。中国的扇面画中，人物画比较的少，就因为人物必须以房屋等为背景，而房屋是方正的东西，容易显出地平线，碍于构图的原故。山水画比较的最多，就因为山水随高随低，随左随右，又随处可以设法遮掩地平线，易于布置的原故。

（节选自《丰子恺文集·艺术卷三》）

活动一 运用构图法中的方法比一比下列哪一组摆放的物体看上去最美观。

2-32-1

2-32-2

2-32-3

活动二 《爸爸的扇子》一文中说：“扇子上为什么描这样的画，又题这样的诗？这有什么好处呢？”请阅读原文，理解其中的奥秘。

活动三 “扇面上所适用的画材，第一要选择不显示出地平线的；第二要选择天生成中央高而左右低的东西。中国老式的扇面画题材，最常用的是山水，其次是花鸟，其次是人物。因为山水树木可以遮隐地平线，又可随意高低，最容易布置。花鸟可以截取一部分枝叶，不用背景，悬空挂着，也容易安排。人物则必有房屋等为背景。房屋大都显出地平线，又不便随意高低，在扇面中布置最难。”

（节选自丰子恺散文《尝试》）

你从文章中获得了哪些有关扇面构图的信息？请小组探究学习：怎样才能画好扇面构图。

学习拓展

2-32-3

2-32-4

活动一 选择一个喜欢的扇面形状，将丰子恺的作品合理地放到扇面上。

建议：

（1）可以用水墨的形式绘制有创意的扇面。

（2）注意构图的合理性，可以配上一小段文字。

（3）注意用墨和用色的变化。

第33课

五年画成的笑颜

《蒙娜丽莎》，这是意大利大画家达·芬奇费了五年的工夫画成的。描这小小的一幅画，怎么要费五年的工夫呢？达·芬奇（Leonardoda Vinci，1452—1519）生于十五世纪中期，就是中国明朝中期。当时意大利国内有三位大美术家同时出世，产出许多的杰作。三杰中最年老的，就是达·芬奇。还有两位，一位叫做米开朗基罗，一位叫做拉菲尔，现在先说达·芬奇的故事。

学习活动

五年画成的笑颜

丰子恺

现在我们只知道达·芬奇是意大利文艺复兴期的一个大美术家。其实他不仅是一个美术家，他精通各种学问，在当时又是有名的发明家、事业家、科学家。他在佛罗伦萨的时候曾经发明了许多的大事业。

第一件惊人的事，是达·芬奇的制造飞行机，大家都知道飞行机是最近才成功的。哪晓得达·芬奇在四百几十年前早已发明过。他曾经用心研究，制造飞行机的翼膀。他所想的法子，虽然不及现今飞行机的巧妙而稳当，但也很有头绪，曾经试验过，也可以飞得起，不过不能高飞，又不甚稳当。因为当时没有人相帮达·芬奇研究，所以他的事业没有成功。

第二件惊人的事，是达·芬奇的制造蒸汽机。大家都知道，蒸汽机是十八世纪末叶英国人瓦特所发明的。哪晓得在四五百年之前，达·芬奇早已想到。蒸汽机的发明，实在是我们人类的大幸福！现今世界上的火车、轮船，全靠有蒸汽机，所以能走得很快，使人类的交通非常便利，人类的文化非常开通。这发明实在是人类的福音！达·芬奇在四五百年之前早已想到这一点，曾经用心考虑蒸汽机的构造。也因为没有人帮他的忙，其事业不得成功。但他的"先见之明"，很可使人佩服了。

此外达·芬奇又做许多新奇的事业。例如大炮，是近代才发明的一种战争的利器，达·芬奇曾经试做过。他造了大炮之后，又制造一种不受炮弹的船。这船包着铁甲，装着机关，大炮开过来的时候，船可以不受损伤，仿佛现今的铁甲军舰。

达·芬奇又考虑开运河的方法，修路的方法，建筑城头的方法，造桥的方法。他是一个美术家，而对于这种工程，很有智慧与兴味，真是不可思议的事。他又发明演奏音乐的乐器，又研究塑像的方法，又研究诗歌文学。但这都不是他的重要的工作。他的重要的事业是描画。他不过用描画的空闲工夫来弄这些玩意。可见他是何等聪明而多才多艺的人！当时的人称赞他为"完全的人"。他真不愧为"完全的人"了。

他在弗罗伦斯时候，对于美术研究怎样用功呢？说起来有许多很有趣的故事。

大家都知道，学美术的人，必须研究裸体人的画法。人体是万物之中最难描的东西。所以学画的人必定要研究裸体人的画法。他们研究裸体，不仅看人体的外部，又须知道人体内部的筋肉骨骼的构造。所以美术学生须要读一种人体研究的书，其书名曰《艺用解剖学》。达·芬奇对于人体研究，自然很用功。他觉得仅读《艺用解剖学》还是不够，非亲自研究人体的实物不可。有一次，他得了一个机会，亲自拿了一把刀，解剖一个死人的身体，仔细地研究人体内部筋肉骨胳的组织。他的热心学问，真可佩服。

达·芬奇常常在弗洛伦斯的街上徘徊，仔细观看各种各样的事物的形状，或者记在心头，或者拿出速写簿来描写。有一天，他在街上散步，忽然天下雨了，雨下得很急，又是斜风斜雨，很大的雨点，在空中纷纷地下降，好像乱箭一般。达·芬奇看见这光景，觉得非常好看，就忘记了一切，兀自站在街中，出神地观看。自己的衣服被雨点打湿，全不觉得；别人当他是疯子，在旁嘲笑，他也全不听见。直到后来，他的一个学生跑过这街道，看见他的先生站在雨头里出神，便上前叩问："先生！你站在雨头里看什么？"达·芬奇被他一问，犹似从梦中惊醒，举起他的淋湿了的衣袖来放在学生的肩膀上，兴致勃勃地对他说道："你看！这样子多么好看！这真像大战的光景呢！"先生说了之后，就急急忙忙地逃回家中，去描写大战的画了。急雨的势力，在达·芬奇的眼中能看出大战的光景，全是由于他对于绘画兴味浓烈的原故。

达·芬奇的画，在意大利全国已经很有名誉，于是米兰的大公就来聘他，请他到米兰去做宫廷画家，每年送他很多俸金。

达·芬奇在米兰宫廷中所作的画，有一幅最为著名，其画名曰《最后的晚餐》。画中所描的，是耶稣被钉在十字架上的前一晚，和他的十二个学生一同晚餐的光景。

蒙娜丽莎（Mona Lisa）是达·芬奇的一个女朋友。这画便是她的肖像。这幅画并不大，只有三尺高，二尺阔，达·芬奇画成这幅画，自从开始至描完，共费了五年的光阴。当然不是教那女朋友坐了五年，达·芬奇描了五年。就是因为达·芬奇要表出这女友的美丽、端正、优雅而神秘的神气，故费了五年的心血来考虑。试看这幅图画，那女子的颜貌何等端庄，眼色何等优雅，口上的微笑何等神秘。——这微笑是世界著名的，叫做"蒙娜丽莎微笑"（Mona Lisa smile）。读过西洋美术史的人，一定记得，西洋还有一种有名的微笑，叫做"史芬克斯〔斯芬克司〕微笑"（sphinx smile）。这"史芬克斯微笑"与"蒙娜丽莎微笑"，是西洋美术上有名的两种微笑。史芬克斯，是五千年前埃及人所造的一种大雕刻。这雕刻的身体形似狮子，但比狮子高大得多，仿佛一座小山；它的头是人头，也大得可怕。脸上作一种神秘的微笑，就叫做"史芬克斯微笑"。这怪物现在还蹲踞在埃及的尼罗河畔。有许多考察美术的人，特地跑到埃及去参观这怪物的神秘的微笑，又到意大利的美术馆里去瞻仰蒙娜丽莎的神秘的微笑。

达·芬奇描出这神秘的微笑，曾费了很多的苦心。他希望模特儿（就是所描的女人），装出这种神秘的微笑来，但她总是装不出来。原来笑是从心中发出的，决不能硬装出来。心中不觉得那样的欢喜，脸上便显不出那样的笑貌。达·芬奇定要引出她这种微笑，于是搬了种种的奇花、异卉、珍品名物来，供在模特儿的面前，使她看了心中发生欢喜，脸上显出那种笑貌来。但模特儿看了这些东西，到底笑不出。达·芬奇的计划终于失败，他只得再想别的办法。后来他请了许多音乐家来，教他们在模特儿面前演奏音乐，以博她的欢心。他们的音乐奏得非常好听，模特儿听了，心生欢喜，脸上果然显出神秘的微笑来。达·芬奇就把她的笑貌描写了，成为这幅名画。

这幅画的各部分的描法，都是煞费苦心的。例如眼的光彩，身体的姿势，手的位置，都同口的微笑一样仔细考虑、设计，然后描写。所以全画完成，共费了五年的光阴。这光阴决不是虚费的。达·芬奇的一切作品中，《最后的晚餐》与《蒙娜丽莎》并称为"世界之宝"，并为千古不朽的伟大的艺术品。就中《最后的晚餐》一幅，是宗教的绘画，相信耶稣教的人，看了固然很感动；但不相信耶稣教的人，看了这画，大都只觉得画法巧妙，而对于画中的人物事件只能当作一种小说故事，而心中不能发生深刻的感动。《蒙娜丽莎》就不然了。这里所描写的庄严优雅的神气，万人都要赞叹：这里所描写的神秘的微笑，万人都可感动。所以达·芬奇的两幅不朽的名作中，《蒙娜丽莎》尤为普遍，尤可宝贵。西洋人称这幅画为"世之至宝"。

西洋美术，从古以来，共有三次的兴盛。第一次在于四千年前的希腊，名曰"黄金时代"。第二次在于十五六世纪的意大利，名曰"文艺复兴期"，刚才所说的达·芬奇便是这时代的大家。第三次在于十九世纪的法兰西，就是现代美术。第一回所说的贫乏的大画家米勒，便是现代美术的先锋。只要记着这三大时期，你将来研究美术史时就有头绪了。

（节选自《丰子恺文集·艺术卷二》）

活动一 作者为什么称达·芬奇为"完全的人"？

活动二 围绕"蒙娜丽莎的微笑"这个主题，分析下列两段材料的表达意图有何不同？

材料一

蒙娜丽莎那微抿的双唇，微挑的嘴角，好像有话要跟你说。在那极富个性的嘴角和眼神里，悄然流露出恬静、淡雅的微笑。那微笑，有时让人觉得舒畅温柔，有时让人觉得略含悲伤，有时让人觉得十分亲切，有时又让人觉得有几分矜（jīn）持。蒙娜丽莎那"神秘的微笑"是那样耐人寻味，难以捉摸。达·芬奇凭着他的天才想象力和他那神奇的画笔，使蒙娜丽莎转瞬即逝的面部表情，成了永恒的美的象征。

材料二

人们在欣赏文艺复兴时期意大利画家达·芬奇的名画《蒙娜丽莎》时，会感到蒙娜丽莎的微笑时有时无，对此，科学家们有不同的解释。西班牙科学家认为，这只是视觉误差所致，因为我们在注视她的时候，眼睛会向大脑输送不同的信息。他们是人的眼睛视物的生理学和光学原理为依据的，这与美国科学家利文斯通的依据一样。但是，他们的具体解释则与利文斯通大相径庭。他们认为，视网膜上的视锥细胞和视杆细胞在向大脑传递不同的感觉信息或图像时有时一种图像会掩盖或覆盖另一种图像，因而有时会看到蒙娜丽莎的微笑，有时却看不到。

学习拓展

请模仿《蒙娜丽莎》，画一幅"微笑"图。

第34课

贫乏的大画家——米勒

让·弗朗索瓦·米勒Jean-Francois Millet(1814—1875)，是法国近代绘画史上最受人民爱戴的画家。他出身农民世家，他那纯朴亲切的艺术语言，尤其被广大法国农民所喜爱。丰子恺先生称米勒为“贫乏的大画家”，为什么这么说呢？

学习活动

贫乏的大画家

丰子恺

距今大约一百年前，正是中国清朝的嘉庆年间，法国乡下一个农夫家里出了一个大画家，他姓米勒，他的名字叫做佛朗索亚〔弗朗索瓦〕(Jean-Francois Millet，1814—1875)。米勒的父亲虽然是农夫，却很欢喜音乐，又欢喜美术。他会唱歌，种田空了的时候，他便要集村上的农夫来，教他们合唱。

有一次，他(米勒)画好一幅最好的画。画中所描的是：一片秋天的田野中，三个贫苦的人弯着腰，用心地在地上拾那农夫们遗落的稻穗。这三个人衣服都很破旧，大概是没有钱买米，所以来拾遗落的稻穗，拿去煮粥吃的。他们家里一定还有别的人，老年的父母，或幼小的孩子，都在等他们拾穗去煮粥吃！这是多么可以感动人的一种样子！这真是永远可以感动人的画！这张画，原来很大，但现在已经印刷缩小，在各处发卖。世界上没有一个地方没有。有的印在书中，有的印在明信片上，诸君或者已经见过。这画的题目叫做《拾穗》。

然而米勒不画裸体画，钱没有了，家里非常穷苦。有时竟连一个铜板也没有！起初向隔壁的面包店里买两只面包，钱可以欠一欠。后来面包店里的人看见他们这样穷，钱也不肯欠了。米店里的人来讨钱，米勒没有钱还他。第二次，他就到衙门里叫了官兵来讨。官兵凶得很，说不还钱就要捉人。米勒夫人和孩子们都吓得哭了，米勒就请求他们，说现在真是没有钱，过三天一定还清。官兵说，过三天倘再不还，一定要捉人。然后他们出去了。

这三天内哪里来钱呢？米勒想要自杀了。但是他是善良的人，他想，自杀了，他的夫人和孩子们一定受苦。他决定不自杀，而想法卖画。但是他所画的，不是裸体画，也不是王侯贵人的画，都是田野、农夫和贫苦的工人。所以没有一个人要买他的画。他去托朋友想法子，朋友都摇头。后来有一个人看他可怜，就出几个法郎买了这《拾穗》去。米勒实在不舍得卖《拾穗》，但要还米店的钱，不得不卖。只好让他拿了这幅画去。

诸君！这是一百年前的事。那时候世界上的人都不懂画的好坏。但是后来渐渐懂得了。他们渐渐知道裸体画和王侯贵人的画是没有道理的。他们渐渐看出米勒的画的好处，渐渐懂得“永远”的意思了。米勒死后三十年，世界上的人才知道米勒是一个大画家，欢喜画的人，大家想买米勒的画了。买《拾穗》的人本来不是欢喜画的，不过看了米勒可怜，所以就出几个法郎买了，放在家里。他死后，他的儿子也不欢喜画，但知道米勒的画价钱很贵，就想把这《拾穗》卖去。美国有一个欢喜画而钱很多的人，来法国游玩，看见了这幅《拾穗》，感动得流下眼泪来。他一定要问那个人买。问他多少价钱，他说要卖十万法郎。那美国人立刻给他十万法郎，拿了《拾穗》回美国去了。所以这画现在藏在美国。

但这是米勒死后的话了。米勒活着的时候，到底没有人要买他的画。可见世界上的人多么愚笨！天也多么忍心，使这大画家这样受苦！

（节选自《丰子恺文集·艺术卷二》）

活动一　欣赏下列几幅米勒的油画，它们都描绘了些什么内容？

2-34-1
《牧羊女与群羊》

2-34-2
《拾穗》

2-34-3
《纺线的奥弗涅牧羊女》

2-34-4
《务农归来》

活动二 阅读上文，并课外搜集资料，完成下面表格。

米勒生平（家庭背景）	
时代背景	
生活环境	
创作历程	
代表作	

活动三 下列3幅作品，你能看出哪一幅是米勒的作品吗？说明理由。

学习拓展

现实主义起源于十六世纪末十七世纪初的意大利，开创者是卡拉瓦乔。现实主义关注人生、关注生活、关注现实。从具体技法上讲是要求写实的，也称写实主义。现实主义艺术家赞美自然，歌颂劳动，深刻而全面地展现了现实生活的广阔画面，尤其描绘了普通劳动者的生活和斗争，劳动者真正成为绘画中的主体形象，大自然也作为独立的题材受到现实主义画家青睐。请欣赏下列两幅作品。

法国库尔贝《筛麦的女人》

法国库尔贝《碎石工》

第35课

用线画人物

也许你没有想过线条和人物的关系。中国画和西洋画都用“线条”作画吗？会有什么区别吗？带着这些疑问学习吧。

学习准备

谈中国画

丰子恺

我们中国的绘画技法，实在是可矜贵的。那奔放的线条，明丽的色彩，强烈的印象，和清新的布局，在世界画坛上放着异彩。西洋近代大画家Manet〔马奈〕，Monet〔莫奈〕，Cézanne〔塞尚〕，Gogh〔梵高〕一班人，看见了荷兰博物馆里所藏的中国画，大为惊叹，赞颂“东洋画的新天地”。他们的作品中便显著地蒙了东洋画的影响。若得这种技法发展起来，一定可以适应新时代的要求，而支配未来世界的画坛。

（节选自《丰子恺文集·艺术卷二》）

中国画与西洋画

丰子恺

中国画盛用线条，西洋画线条都不显著。线条大都不是物象所原有的，是画家用以代表两物象的境界的。例如中国画中，描一条蛋形线表示人的脸孔，其实人脸孔的周围并无此线，此线是脸与背景的界线。又如画一曲尺形线表示人的鼻头，其实鼻头上也并无此线，此线是鼻与脸的界线。又如山水，花卉等，实物上都没有线，而画家盛用线条。山水中的线条特名为“皴法”。人物中的线条特名为“衣褶”。都是艰深的研究功夫。西洋画就不然，只有各物的界，界上并不描线。所以西洋画很像实物，而中国画不像实物，一望而知其为画。盖中国书画同源，作画同写字一样，随意挥洒，披露胸怀。十九世纪末，西洋人看见中国画中线条的飞舞，非常赞慕，便模仿起来，即成为“后期印象派”。但后期印象派以前的西洋画，都是线条不显著的。

（节选自《丰子恺文集·艺术卷四》）

活动一 白描是中国人物画的基础。白描画是中国画的一种。这是我国宋代画家武宗元的《朝元仙仗图》，请你看看这幅画的线条有什么特点？

2-35-1

2-35-2

活动二 在较短时间内迅速将对象的动态或者静态形象描绘下来的绘画形式，我们称之为速写。下面是法国著名画家亨利·马蒂斯的作品《女人像》。请你说一说国外的大师们是怎样用线条表现人物的。

2-35-3

活动三 丰子恺先生喜欢画身边的人和事，一起来看看在他的画中运用了怎样的线条来表现人物的？人物造型有什么特点？

2-35-4

学习拓展

挑选一张你喜欢的丰子恺先生的作品临摹。

2-35-5

2-35-6

第36课

风景写生

丰子恺先生在《中国画与西洋画》一文中说：东西洋文化，根本不同。故艺术的表现亦异。大概东洋艺术重主观，西洋艺术重客观。东洋艺术为诗的，西洋艺术为剧的。故在绘画上，中国画重神韵，西洋画重形似。让我们对中国画和西洋画进行一些初步的了解。

学习活动

中国画与西洋画

丰子恺

中国画不注重透视法，西洋画极注重透视法。透视法，就是在平面上表现立体物。西洋画力求肖似真物，故非常讲究透视法。试看西洋画中的市街，房屋，家具，器物等，形体都很正确，竟同真物一样。若是描走廊的光景，竟可在数寸的地方表出数丈的距离来。若是描正面的（站在铁路中央眺望的）铁路，竟可在数寸的地方表出数里的距离来。中国画就不然，不欢喜画市街，房屋，家具，器物等立体相很显著的东西，而欢喜写云，山，树，瀑布等远望如天然平面物的东西。偶然描房屋器物，亦不讲究透视法，而任意表现。例如画庭院深深的光景，则曲廊洞房，尽行表出，好似飞到半空中时所望见的；且又不是一时间所见，却是飞来飞去，飞上飞下，几次所看见的。故中国画的手卷，山水连绵数丈，好像火车中所见的。中国画的立幅，山水重重叠叠，好像是飞机中所看见的。因为中国人作画同作诗一样，想到哪里，画到哪里，不能受透视法的拘束。所以中国画中有时透视法会弄错。但这弄错并无大碍。我们不可用西洋画的法则来批评中国画。

中国画不重背景，西洋画很重背景。例如写梅花，一枝悬挂空中，四周都是白纸。写人物，一个人悬挂空中，好像驾云一般。故中国画的画纸，留出空白余地甚多。很长的一条纸，下方描一株菜或一块石头，就成为一张立幅。西洋画就不然，凡物必有背景，例如果物，其背景为桌子。人物，其背景为室内或野外。故画面全部填涂，不留空白。中国画与西洋画这点差别，也是由于写实与传神的不同而生。西洋画重写实，故必描背景。中国画重传神，故必删除琐碎而特写其主题，以求印象的强明。

（节选自《丰子恺文集·艺术卷四》）

学习活动

活动一 你曾经看到过这些画吗？它们都描绘了些什么呢？比较一下上面这两种风格的风景画，他们有什么不同之处呢？

2-36-1

2-36-2

2-36-3

2-36-4

提示：可以从构图、透视、用笔、意境等方面来进行比较。

活动二 假期里出去游玩时，有哪些令你难以忘怀的美丽风景呢？

请你思考一下：心中那幅最美丽的风景适合用哪种绘画来表现。这幅画面是有意味的山水古村落还是春意盎然的草地或树林呢？可以和同学讨论一下，在下面简单勾一勾小稿。

活动三 欣赏丰子恺先生的风景画，临摹其中一幅，学一学他的构图、用笔和用色技巧。

2-36-5

2-36-6

2-36-7

学习拓展

我们学校的每一个角落其实都隐藏着一幅小景，你想不想去看一看、画一画呢？一起走出教室，走进校园吧！

要求：(1) 选择一种风格绘出你心目中最美丽的春色。

(2) 选用与风格相统一的绘画工具(毛笔、中国画颜料等或水粉笔、水粉颜等)。

第37课

展示设计

丰子恺校园文化艺术节又开幕了。今年的艺术节有哪些精彩的节目呢？画展肯定是少不了的。大家想一想，怎样的画展更吸引人呢？

学习活动

展览会场的壁

丰子恺

因为展览会场的壁，是画所挂的地方。而画面的地位，至为贵重：画中所描的形象，其地位不能随便移动。而且各种形象的地位都有相互的密切的关系。移动一处必影响其他各处。又不但描形象的地方贵重而已。就是不描形象的空地（余白），也都同描形象的地方一样贵重，不能随便增减。——总之，画中没有一块面积可以随便移动，没有一块面积不与全局有关，没有一块面积是无用的空地。

（节选自《丰子恺文集·艺术卷一》）

活动一 学校举办了隆重盛大的丰子恺校园文化艺术节，同学们有很多优秀的作品要展示。现在请你为我们的丰子恺校园文化艺术节布置展览。

画展想要吸引观众，就要讲究展示的艺术。

小组讨论，你认为我们的展览怎样才能吸引观众？

①主题海报：主题鲜明，用生动活泼的美术字亮出自己组的展示主题。

②陈列的场地：在教室内外选择场地，并确定相应的陈列方式。

③陈列的方式：在墙面粘贴、桌面平面陈列（但需装裱和粘贴标签）。

④标签设计：小巧可爱，上面要有作者、作品题目、材料和展示团体的名称。

活动二 为画展设计一个布置图。

活动三 以大组为单位，分工合作布展。为丰子恺校园艺术节策划并布置一个主题画展，看哪一组的展览最吸引人。

学习拓展

想不想让身边的朋友和校园外的人都知道我们学校这个盛大的节日呢？请参考下面丰子恺先生的节日漫画，设计一张有丰子恺艺术节特色的请柬。请柬又称为请帖、简帖，是为了邀请客人参加某项活动而发的礼仪性书信，请柬有单双面之分。

2-37-1

2-37-2

请把你设计的海报和请柬贴在下面方框处。

第38课

竹

读一读丰子恺先生的散文《竹影》，搜集和竹子有关的诗句、扇面纸、毛笔、墨汁、调色盘等。让我们来一次画竹、品竹之旅吧。

学习活动

丰子恺先生的画

2-38-1

2-38-2

活动一 请你搜集几首“咏竹”的诗词，这些诗词中的“竹子”具有怎样的形象特点？

活动二 欣赏墨竹精品，谈一谈和丰子恺先生“画竹”的区别。

2-38-3
文同《墨竹图》

2-38-4
郑板桥

活动三 学习临摹丰子恺先生画中的竹子。

学习拓展

观察真实的竹子，并以吴镇《墨竹图册》为临本，学习竹子的画法。并说说与丰子恺画法有什么不同。

2-38-5
吴镇《墨竹图册》

①中锋淡墨画竹竿。（中锋用笔，一波三折篆书法，稳中求圆。）

②浓墨中锋画竹节。（上抱“乙”字，下抱“八”字。）

③中锋用笔画竹枝。（用笔参照竹竿，可从不同的方向开始画。）

④墨中锋画竹叶。（藏锋起笔，速度稍快，有大有小有转折，与柳叶有别。）

第39课

照相与绘画

最早的照相机结构十分简单，仅包括暗箱、镜头和感光材料。现代照相机是一种结合光学、精密机械、电子技术和化学等技术的复杂产品。无人机也被称为“会飞的照相机”。对现代人来说，照相已是极其平常的事。手机就可以实现随手拍，美景瞬间保存。于是有人说，绘画能有照相这么真实，这么好看吗？

学习活动

照相与绘画

丰子恺

绘画与照相，是判然不同的两种东西。二者的区别，可说绘画是眼与手的艺术，照相是镜头与底片的艺术。眼与手的艺术的美，是人工的；镜头与底片艺术的美，是机械的。在前者中，主观性胜于客观性；在后者中则反之，客观性胜于主观性。盖绘画虽然也照客观物体的形象而描写，但其中盛用心的经营，和腕的活动，好像写字一般，各人有各人的笔致，明显地表出着各人的性格。故数人对同一模特儿写生，写出来的作品趣味很不相同。照相虽然各人技术不同，但技术的差异只在取景、采光、晒像等上，客观物体的形象始终是客观的。故多人共对一物摄影，其结果大同小异，相差决不会像绘画之分歧。

天地间美的现象，可分两种。一种是天生成就美观的，不须人工代为布置，只消设法照样保留，便有美术的价值。另一种具有美化的可能性。但须经过人工的经营，方能成为美术品。前者宜用照相表现，后者宜用绘画表现。例如：日光下的美丽的影，天空中的云的纹样，海边的水的纹样，以及自然界一切天生成美观的现象，都是照相的好题材。至如传达春讯的梅蕊，解语似的花，通人情似的鸟，天造地设的胜景，以及一切理想的境界，需要人工加以选择，增删，变形，及配置，方能给人美感者，都是绘画的好题材。用绘画去表现照相的题材，吃力不讨好。用照相去表现绘画的题材，势有所不能。故二者不能互相代谋。总而言之：对自然惟妙惟肖，是照相的能事；依人意变化改造，是绘画的能事。即前者是美的“再现”，后者是美的“表现”。

（节选自《丰子恺文集·艺术卷三》）

美术的照相

丰子恺

照相更接近于美术，即所含的美术方面的效用比实用方面的更多。为什么呢？照相与视觉艺术的中心的绘画非常接近，在感觉上，照相与绘画同是只诉于视觉的。进言之，凡只诉于视觉的艺术，全是观赏的。

美术的照相有什么条件呢？做重要的是构图，就是照相里面所收容人物风景的形状位置的讲究。其他配光等，例如某种风景以轮廓清晰分明为宜，某种风景以明暗混合为宜，也是一种美的条件，但不及构图的重要且必要。

（节选自《丰子恺文集·艺术卷一》）

活动一 结合你的生活实际，说说照相与绘画的区别。

活动二 取景就是在拍摄时，对风景进行取舍。按景象的距离，取景可分为远景、中景、近景。

请你看看以下的照片，不同的取景给你带来怎样不同的感受？说说构图的特点。

2-39-1

2-39-2

2-39-3

2-39-4

学习拓展

如果你有发现美的眼睛，有摄影师的取景技巧，能恰当地构图，也能拍出漂亮的风景画。下面，请大家带好相机，一起去校园中看一看、拍一拍吧。

第40课

丰子恺的书法（一）

了解丰子恺书法艺术风格的师承渊源，感悟丰子恺书法艺术的笔墨、结字与章法之美。体会丰子恺书法艺术的妙处，感受其书法艺术中传递出的作者思维感情和人格气质。

学习活动

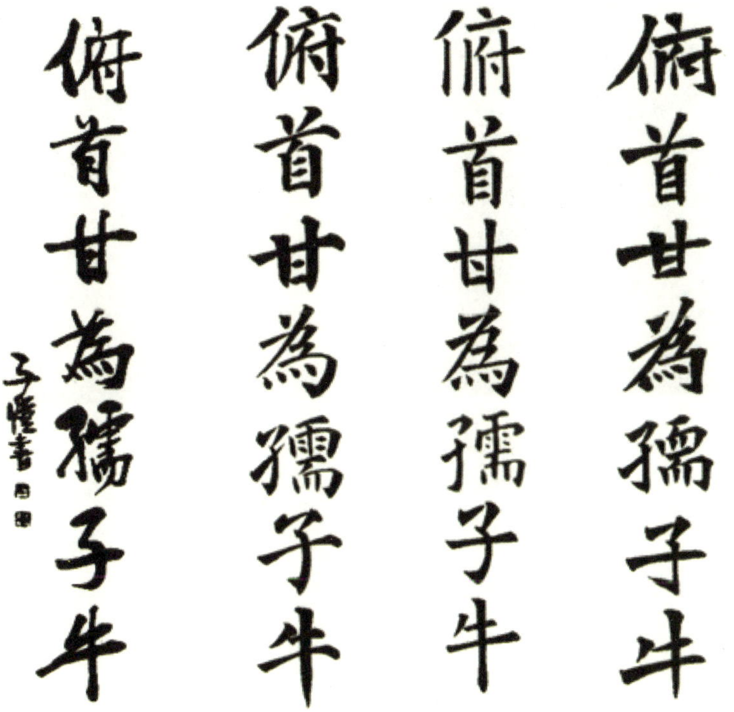

丰子恺　颜体　欧体　张猛龙碑

活动一 上面四幅书法作品，请你用词语分别描述他们各自不同的特点与风格特征。

活动二 “据父亲在小学和师范的同窗顾庸先生回忆，父亲从小就专心临写《张黑女墓志》，颇有成就。后来肄业师校时，又受校长经子渊先生所写的《爨宝子》，业师夏丏尊先生所写的《张猛龙》，李叔同先生所写的‘卫夫人’，以及褚申甫先生所写的‘二王’等字体的影响，书艺更趋成熟，形成他后来谨严中带有潇洒、凝重中不失妩媚的独树一帜的字体。”

——选自丰一吟《丰子恺书法·编后记》

请学习欣赏下列作品，了解了丰子恺书法艺术学习途径。

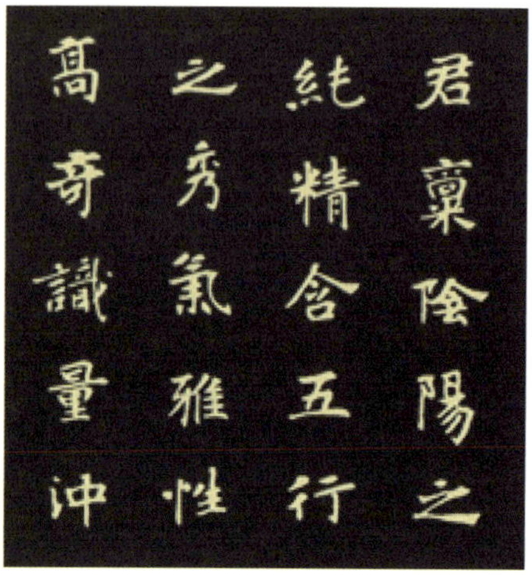

《张黑女墓志铭》：用笔轻灵丰富，结构中宫紧密，章法疏朗典雅。

《爨宝子》：楷隶相参，点画方圆兼用，追求横张之势，章法整齐中寓错落，呈现出古拙、肃穆的书法艺术风格。

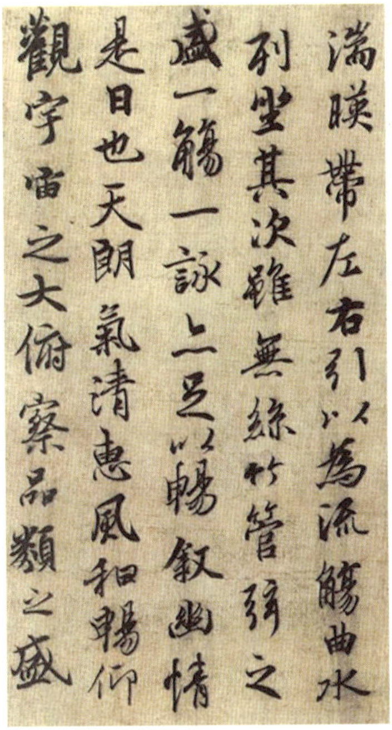

王羲之《兰亭集序》用笔细腻，结构多变，点画凝练，是“中和之美”书风的楷模，被称为“天下第一行书”。

弘一法师《一法万缘》对联，下笔果断直接，用锋灵活，结体多变，仍有魏碑结习。

活动三 你能从以下作品中找到丰子恺书法的“渊源”吗？

丰子恺

《张黑女墓志铭》

《爨宝子碑》

弘一法师

学习拓展

丰子恺书法作品中用笔丰富，以中锋用笔为主，起笔圆中寓方，行笔果断有力，收笔处笔断意连，线条藏头护尾，以使转用笔为主，转圆而活，折方而劲，将魏碑和行书的笔意融为一体。请分析下列丰子恺书法的“笔意”。

实施建议

	课题	与国家课程衔接点	主要学习目标	实施学科
1	钱江看潮记	四上1.观潮	学习《钱江看潮记》，感受丰子恺的童心世界	语文
2	猎熊	四上16.麻雀	学习《猎熊》，理解丰子恺仁爱思想	语文
3	九一八之夜	四上22.为中华之崛起而读书	初步感知绘画的功用，体会丰子恺的爱国主义情怀	语文
4	威武不能屈	四上23.梅兰芳蓄须	学习丰子恺三篇关于梅兰芳的文章，了解他们的友谊以及体会梅兰芳的“骨气”	语文
5	翡翠笛	四下2.乡下人家；习作：我的乐园	学习《翡翠笛》，感受丰子恺纯真的童年生活	语文
6	白象	四下13.猫；14.母鸡；15.白鹅	学习《养鸭》《沙坪小屋的鹅》《白象》《贪污的猫》《阿咪》，体会丰子恺对小动物的温情	语文
7	桂林的山	四下17.记金华双龙洞；七月的天山	学习《桂林的山》，体会丰子恺独特的审美观念	语文
8	为了要光明	四下27.巨人的花园	学习《为了要光明》，体会反复的创作手法，明白做事要牢记初心的道理	语文
9	蜜蜂	五上4.珍珠鸟	初步学习丰子恺状物手法，感受仁爱的护生情怀	语文
10	美好的回忆（选编）	五上26.忆读书；27.我的“长生果”	初步了解丰子恺的读书生活和成长经历以及令他难忘的启蒙老师	语文
11	活物论	五下9.古诗三首	了解“移情于物”，初步了解丰子恺有关“活物论”艺术观	语文
12	蝌蚪	五下23.童年的发现；漫画的启示	学习《蝌蚪》，体会丰子恺关爱小动物的仁爱之心，悲悯情怀	语文
13	芒种的歌	五下口语交际走进他们的童年岁月	学习《芒种的歌》，体会丰子恺苦乐相伴的学习生活	语文
14	伯牙鼓琴	六上22.伯牙鼓琴	了解知音和高山流水的比喻意义，初步了解中国琴文化	语文
15	王囡囡	六上25.少年闰土	比较丰子恺和鲁迅笔下的童年玩伴形象	语文
16	过年	六下1.北京的春节	初步学习丰子恺文章丰富的“民俗”气息	语文

续表

	课题	与国家课程衔接点	主要学习目标	实施学科
17	渐	六下8.匆匆	比较学习《渐》，体会丰子恺思辨的态度，惜时奋进的人生观	语文
18	爱护同胞	六下11.十六年前的回忆	初步学习丰子恺的逃难生活经历，体会在国难当头时“爱护同胞”的力量	语文
19	劳者自歌（节选）	六下14.两小儿辩日	初步了解《劳者自歌》，学习丰子恺“绝对大小”的思想观点	语文
20	梦二漫画	四上11.漫画与生活	初步学习《谈日本的漫画》《漫画故事》《绘画与文学》，了解竹久梦二作品对丰子恺的影响	美术
21	漫画描法（一）	四上12.给同学画漫画	初步了解漫画的概念、意义，初步了解丰子恺漫画的不同时间的题材变化	美术
22	书的封面设计	四上14.给自己的书设计封面	掌握书籍封面设计的基本方法，初步了解丰子恺独领丰骚的装帧艺术	美术
23	钟表的脸	四下5时钟造型设计	学习《钟表的脸》，初步了解钟表计时与装饰的实用性功能	美术
24	丰子恺“书屋”	四下6.爱书藏片，藏书票设计	了解学校图书馆有关丰子恺的图书藏书，学会设计藏书票	美术
25.	英雄贝多芬	六上语文22月光曲，六下音乐贝多芬	了解贝多芬的生平和创作，感受作品听情绪	语文、音乐
26	油画博物馆	五上15.色彩的世界——对比色	初步了解油画知识，学习丰子恺《万人嘲骂的大画家马奈》《模糊的名画西涅克卡利安尔》《发明油画的兄弟画家比利时》	美术
27	外光描写的科学实证	四下9.奇妙的点彩——点彩画	初步了解新印象派，以及丰子恺关于外光描写的科学的实证介绍	美术
28	谈中国画	五上18.中国传世名作	初步了解中国画，学习丰子恺《中国绘画的实践》《谈中国画》《读画史》	美术
29	丰子恺故居	五上2.江南民居五下1.画家故居	探访丰子恺故居，增强对地方历史人文的关注热爱	综合实践
30	透视法	五下9.弯弯的小路五下10.光与影	了解丰子恺《西洋画技法》《艺术的眼光》，能用透视原理欣赏丰子恺漫画	美术
31	植物写生	五下11.植物写生	临摹丰子恺作品，感知植物造型	科学、美术
32	扇子的艺术	六上8.中国扇子	初步学习《爸爸的扇子》《扇子的艺术》，了解扇面构图，用水墨方法表现艺术感受	美术

续表

	课题	与国家课程衔接点	主要学习目标	实施学科
33	五年画成的笑颜	六下1.外国的传世名作	学习《五年画成的笑颜》，了解达芬奇生平，体会语言与色彩不同审美表现方式	美术
34	贫穷的大画家——米勒	六下1.外国的传世名作	初步知道丰子恺多篇文章中论及米勒以及作品，了解法国现实主义绘画	美术
35	用线画人物	六下2.用线画人物	通过对比，初步了解丰子恺漫画中的“线”的技法与基本思想	美术
36	风景写生	六下3.色彩风景	初步学习丰子恺关于艺术境界中“仁”“活物”的观点，以及西洋风景画“印象派”作品	美术
37	展示设计	五下16.请柬设计五下17.手绘校园招帖六下8.展示设计	初步学习丰子恺《展览会场的壁》，并尝试设计学校丰子恺文化节术节请柬、画展等	综合、美术
38	竹	六下10.竹	初步了解丰子恺《中国画与西洋画》，了解丰子恺画竹的基本特点	美术
39	照相与绘画	六下13.祖国美景知多少	初步学习丰子恺《照相与绘画》《美术的照相》，并尝试实践运用	综合、美术
40	丰子恺书法艺术（一）	五上书法作品赏析六上可聊聊书法	初步了解丰子恺书法作品的风格特点	语方、书法

参考答案

第1课　钱江看潮记

活动一：钱王射潮。

活动二：

时间	主要事件	作者的心理
观潮前	为了观看钱塘江大潮，不顾脚疾所累，穿了一大一小的鞋子 登楼看潮	兴致勃勃、心虚、尴尬 欣然、期待
观潮时	注视钱塘江大潮	平淡
观潮后	潮水毫没看头	大失所望，败兴而归

活动三：

示例：(1) 为了观看钱塘江大潮，他不顾脚疾所累，穿了一大一小的鞋子，在路上还担心车夫笑话自己，读来让人忍俊不禁。

(2) 观潮那天，亲友们嫌堂倌价格贵起身表示要走。但儿女们不闻不问，只管凭窗眺望江景，指东话西，有说有笑，正是得其所哉。

学习拓展

示例：我忽然发心游览久闻大名而无缘拜识的扬州，立刻收拾《白香词谱》，叫他到八仙桥去买明天到镇江的火车票，傍晚他拿了三张火车票回来；我觉得扬州只是一个小上海、小杭州，并无特殊之处。我预期这二十四桥能够满足我的怀古欲；我不好说“去凭吊”，只得撒一个谎，说“去看朋友”。那人笑着说：“那边不大有人家呢！”我很狼狈，支吾地回答：“不瞒你说，我们就想看看那个桥。”等等。

第2课　猎熊

活动一：①小猎人发现一只大白熊　②猎人们发现白熊不倒是为了保护两只小白熊不被石头砸中

活动二：略

活动三：丰子恺写《猎熊》一文既是让我们感受母爱的伟大，也是想希望我们都有一颗慈悲的心，他说："护生是指护自己的心，让自己有一颗慈悲心，并不是护动植物。再详言之，人一旦有了残忍心，不仅残杀动植物，且者残忍心会移用于同类的人……人为了要生活而割食动植物，如果是不得已的，是必要的不是无端的，这就似乎不觉得残忍，并不伤害我们的慈悲心。"

学习拓展

活动一：猎人入山，欲以枪击母狼。面露哀容，屈膝下跪。大疑，近视之，身旁有幼子，嗷嗷待哺。所以曲身下跪者，护子也。猎人沉思良久，枪响，狼死。

活动二：(1) 都是讲母爱的。(2) 都是写母亲为了保护自己的孩子。(3) 这两篇文章里的母爱都定格为一种姿势，保护孩子的姿势——足抱巨石，端坐不倒；屈膝下跪。

第3课　九一八之夜

活动一：林佩贞认为图画是赏心悦目的东西；吴文英认为图画是奋斗的工具；秦先生认为图画不仅是赏心悦目的东西，实是一种苦工；图画的用处不在乎直接地用作奋斗的工具，乃在乎间接地修养人的心目，使人的生活健全。

活动二：(1) 神态描写，"双眉微蹙，而口角上的微笑仍不消失"，表现出秦先生的从容镇定，有涵养。

(2) 语言描写，这是秦先生对学生提出的希望，可见秦先生教导有方，对学生有着殷切的希望，对祖国有着深沉的爱。

活动三：略

学习拓展

相同，他们认为的“用”不是功能上的作用，而是一种精神和审美的享受。如：绘画间接地修养人的心目，使人的生活健全；绘画可以让我们享受一种快慰，可以调剂平时生活的苦闷；它能用慰安的方式来潜移默化我们的感情。

第4课　威武不能屈

活动一：梅先生蓄须拒绝为日本人演出，蓄须抗战，忍受困苦，高尚的气节，爱国的精神。

活动二：略。

学习拓展

对艺术的追求和创新。

第5课　翡翠笛

活动一：首先拔起一枝蚕豆茎来，去根去梢去叶，只剩方柱形的一段。然后用指爪在这段上摘出三五个孔，再摘取豌豆茎的梢，约长一寸。最后把它插入方柱上端的孔中，笛就完成。

活动二：(1)有童心；(2)有着很高的音乐素养；(3)愿意和孩子一起玩，支持孩子的兴趣。

活动三：略

学习拓展

活动一：(1)细看月光下的人影，头上有烟气；(2)发现水门汀上的竹影像中国画。

活动二：略

第6课　白象

活动一：

篇目	特点	具体表现
白象	可爱	外形：浑身雪白，伟大如象，它的眼睛一黄一蓝。 和人亲近：白象就跳到她们的膝上，老实不客气的睡了。 母爱：白象育儿耐苦得很，日夜躺卧，让五个孩子纠缠。

活动二：

（1）作者把白象的身体比作一个丘陵，小猫们爬上爬下比作游客爬孤山，心中充满惬意，流露出作者对猫的喜爱之情。

（2）“习以为常”指常做某种事情或常见某种现象，成了习惯，就觉得很平常了。两只猫爬到作者腿上已经成为作者的习惯，可见作者与猫的亲昵的关系。

活动三：（1）一吟或她的大姐陈宝教书回家，一坐倒，就坐着不动，让白象就跳到她们的膝上；（2）白象生产，大家称庆，连忙叫男工去买新鲜鱼来给它调将。女孩子们天天奶粉给它吃；（3）白象不见，大家急忙分头寻找，四处打听，写寻猫启事。

学习拓展

活动一：即使有懊恼在心，也自会忘怀一切，笑逐颜开。哭的孩子看见了阿咪，会破涕为笑呢；自从来了阿咪，家中忽然热闹了。厨房里常有保姆的话声或骂声，其对象便是阿咪；室中常有陌生的笑谈声，是送信人或邮递员在欣赏阿咪，常常因猫而问长问短，有说有笑，送出了信件还是不忍离去；自从来了阿咪，我们的谈话有了插曲，有了调节，主客都舒畅了。

活动二：猫能化岑寂为热闹，变枯燥为生趣，转懊恼为欢笑；能助人亲善，教人团结。即使不捕老鼠，也有功于人生。

第7课　桂林的山

活动一：(1) 漓江水静、清、绿；(2) 桂林山奇、秀、险；(3) 山水交相辉映、异彩纷呈，加上空中的云雾，山间的绿树红花，江上的竹筏小舟点缀其间，交织成一幅绝妙的山水画。

活动二：(1) 拔地而起，与地面成九十度角，而且都是青灰色的童山，毫无一点树木或花草；(2) 如大庭院，石笋触目皆是。

“甲”有尽善尽美的意思，是总平均分数。奇是罕有少见，不一定美。美是具足圆满，不一定奇。三头六臂的人，可谓奇矣，但是谈不到美。天真烂漫的小孩，可为美矣，但是并不稀奇。桂林的山，奇而不美，正同三头六臂的人一样。

活动三：①以形写神：画家在反映客观现实时，不仅应追求外在形象的逼真，还应追求内在的精神本质的酷似。

②迁想妙得：“迁想”指画家艺术构思过程中的想象活动，把主观情思“迁入”客观对象之中，取得艺术感受。“妙得”为其结果。即通过艺术家的情感活动，审美观照，使客观之神融合为“传神”的、完美的艺术形象。

③留白：指书画艺术创作中为使整个作品画面、章法更为协调精美而有意留下相应的空白，留有想象的空间。

选择③，结合内容和绘画观点，言之有理即可。

学习拓展

江作青罗带，山如碧玉簪。

第8课　为了要光明

活动一：

段落3：柴刀掉在井里，万夫去东村李先生家里借一块大吸铁石。

段落4：吸铁石掉在地板洞里，万夫到西村去把王木匠请来。

段落5：万夫走到西村去请王木匠，王木匠“羊癫风”发作，万夫又到北村去请老郎中来。

活动二：略。

学习拓展

活动一：应该安排在文章最后。

活动二：反复手法的运用强调了万夫只看见眼前的事情，而完全忘掉了最初的想要的东西和目标，更能让读者读懂故事的主旨；反复手法的运用也推动了故事情节的发展，增加了文章的趣味性和可读性。

第9课　蜜蜂

活动一：②“我”观察蜜蜂的乱撞乱叫。④“我”想办法为蜜蜂谋出路，但最终没有成功。

活动二：作者细致地描写蜜蜂想要逃出去的过程，“悟到此路不通”“重整旗鼓”拟人化，写出了蜜蜂为了逃出去，不停地努力，不停地尝试。

活动三：①回忆了充满诗趣的幼年生活，表现那时人与生灵的温情，反衬现代人对生灵的冷漠，表达作者对过去那份温馨的留念，隐含了作者对现代物质文明弊端的批判。

②表达了“我”对蜜蜂这样的命运的关心，更能体现“我”对生灵的爱惜、怜悯(爱护、关爱、同情等)。“我”一直想替蜜蜂谋出路，到最后这两句交待救蜜蜂的无果而终和“我”对蜜蜂生死未卜的担忧，暗含了“我”对人生错失的缺憾和生命的无常、无奈的感叹。

学习拓展：略。

第10课　美好的回忆

活动一：略。

活动二：小时候用家里染坊店颜料作画，好奇心；私塾先生让我画孔子像，“创造”出新的画法；李先生教音乐，“还琴”的细节难忘；母亲为我求学的事奔波，报考杭州第一师范，遇到了李先生教我绘画，表扬和激励，奠定了一生的志趣。

学习拓展：略。

第11课　活物论

活动一：(1) 不当它们是供人用的东西，而是独立自主的存在物；(2) 静物常常看作是活物，看作是同画家自己一样有生命有情感的人。

活动二：(1) 要全神贯注、反复观察物的每一个细微的地方，将它深深刻画在心里；(2) 要把自己的情感移到物身上，把物看作是同自己一样有生命有情感的人。

活动三：

A. 花鸟皆可因情相牵。诗人感伤国事，看到的花都是涕泪四溅，听到的鸟鸣都让人惊心，徒增离愁别恨。

B. 因为岸上飞舞的落花为我送行，船桅上的春燕挽留我，其中送行、挽留都是人的行为，赋予花和燕子人的行为和情感是用了拟人修辞方法。

C. 飞来的蝴蝶，因风而飘忽有致，岂是蝶之舞，真是画出了风的曲线，因蝶之舞而是这般美丽！以蝶舞之形，而传出了风的无形之神韵；月岂非亘古如斯，只是过去因为有人与共，因为快乐而不识罢了。则有情之人的寂寞之感，却于无情之月的冷漠而凸显了。

D. 蜡烛本是有烛芯的，所以说“蜡烛有心”；而在诗人眼里烛芯却变成惜别之心，把蜡烛拟人化了。在诗人眼里，它那彻夜流溢的烛泪，就是在为男女主人公的离别而伤心了。“替人垂泪到天明”，“替人”二字，使意思更深一层。“到天明”又点出了告别宴时间之长，这也是诗人不忍分离的一种表现。

学习拓展：略

第12课 蝌 蚪

活动一：①洋瓷面盆 ②墙角的小池塘 ③玻璃瓶

活动二：怅然的原因：作者内心对那四只小蝌蚪有小小的内疚，因为自己的遗忘而丢弃了这小小的生命，心理上的负重，使作者身心懊恼，担心着那四只弱小的生命；苦闷的内涵：小蝌蚪被孩子们“禁锢”在洋瓷面盆中，不绝地游来游去，是为了寻找食物，成蛙是因为不得其生活之所，而被关在这洋铁白水之中，失去了成蛙的意义，找不到一种它们所能依傍，赖以生存的东西，就像人类活在生活的压迫之下一样，失去了最原本的自由。

活动三：B。作者在文章中描写了被孩子“禁锢”的蝌蚪与被“我”遗忘的蝌蚪，轻易诠释出了这些生命的弱小，但同样从蝌蚪的角度引发了作者对生命的思考，被禁锢的蝌蚪是苦闷的，被遗忘的蝌蚪是寂寞的，世间对它们来说太过凄凉、残酷和悲惨。作者花如此大的笔墨描写蝌蚪，是为了向人们表达尊重生命的观点，别让本该自由却弱小的生命因为你不经意的行为而活在此间最悲凉的环境。

学习拓展：略

第13课 芒种的歌

活动一：“芒种”指夏季六月六前后一个收麦种稻的节气，这个时候的农民往往最为辛苦，天气也十分炎热，但他们所唱的歌谣，便是丰收带来的喜悦。与“我”一样，小提琴似乎非常困难去学习，它带给我的煎熬如同芒种的炎热，但在父亲的教导后，“我”认识到想要收获必须跨过这个难关，音乐不是享乐，它需要更多的努力和忍耐，人生的事，必定苦乐相伴，芒种是苦，歌即是乐。这个标题点明了文章主旨，阐释了作者的感悟。

活动二：主要事件：①“我”开始学琴，姨丈与父亲教“我”天天练习，半个月后“我”就感到枯燥乏味。②发现王老伯伯正用胡琴弹奏优美的歌曲，开始感兴趣而模仿。③被父亲发现后耐心教导“我”，令我受益匪浅。情感变化：①痛苦、难忍；②好奇、兴奋；③愧疚、醒悟。

活动三：最初的“我”学琴是因为它优美的音色，想要享受在音乐之中，就和玩耍一样。而现实给了“我”沉重的打击，“我”无法从它身上感受到音乐的优美，只觉得它是一个枯燥乏味无法学会的乐器，像一个嬉皮笑脸的孩子，并没有认真地去学习它；经过父亲的教导后，“我”认识到了苦与乐的相伴，开始认真地去对待它，把它当做一个难关去闯，而它在“我”的眼中也就变得严肃起来，让“我”去严阵以待。突出了我的心理变化，父亲对“我”的教导使“我”受益匪浅。

学习拓展：略

第14课　伯牙鼓琴

活动一：作者写了《伯牙鼓琴》中“高山”与“流水”，再点出贝多芬所提出的“标题音乐”，解释了“标题音乐”指用一种特殊的作曲发来表示题目中所表示的事象，随后列举了贝多芬的《英雄交响曲》和《田园交响曲》，两者分别描摹了英雄的气概与田园的景象，就如同“高山”的“峨峨然若泰山”与“流水”的“洋洋然若江河”。把两个故事进行类比，中间用“标题音乐”进行连接。

活动二：略

学习拓展：略

第15课　王囡囡

活动一：鲁迅从小就与闰土是小伙伴，闰土带他去捕鸟，夜晚会守在瓜地旁捉猹，与鲁迅打成一片。而长大后，因为礼数与地位的关系，两人渐渐变得疏远，闰土改叫鲁迅姥爷，空虚地度过余生；文中“我”与王囡囡的关系变化与前者一样，小时“我”亲切地叫他哥哥，他叫“我”慈弟，他带“我”去钓鱼、吃玉米，亲切而快乐。可随着时间的变迁，“我”到杭州上学，去上海教书，王囡囡改口叫“我”“子恺先生”，童年的一切都变得陌生了。两者都经历了一个变化的过程。同时文章表达了作者对战争与礼教的厌恶和对社会黑暗的批判，告诫人们去珍惜当下，反抗黑暗势力。

活动二：略

学习拓展

活动一：运用插叙的手法，用定四娘娘请关神婆关魂表达出他对已逝儿子王三三的怀念之情，同时从侧面突出当时巫术对人们的毒害之深，对当时愚昧无知人们的悲哀。也是对巫师们态度高傲、不可一世的厌恶。

第16课　过年

活动一：十二月十五日，举办年酒送行——十六日，算账、还账、收账——廿三，晚上送灶打年糕——初一，点香供拜灶君——廿七，拜小年菩萨，烧祭品——年底守岁——十五，买灯。

活动二：略

学习拓展：略

第17课　渐

活动一：“渐”是“慢慢的，逐步的”意思，文中作者认为“渐”是使人生圆滑进行的微妙的要素，莫如渐；造物主骗人的手段，也莫如渐。标题吸引读者，贯穿全文，是文章的线索，同时点明文章主旨，表达了作者珍惜时间、珍惜身边的美好的愿望。

活动二：

《渐》主要内容：议论散文，以自我的感情体验和观察为基础，通过对人的生命历程中渐渐变化的规律描述，揭示时间的欺骗性和隐密性，揭示人要珍惜时间做一个谦让和谐的人。语言风格：化深奥为通俗，比喻贴切，联想丰富，思想深刻，形散神聚。作者思想：说明世间的一切都在渐渐地改变，让我们珍惜时间，掌握当下的美好，同时告诫我们要做一个谦让平和的人。

《匆匆》主要内容：抒情散文，描绘春天的常见景物，比如燕子、杨柳、桃花等，又写了太阳东升西落的日常景象。语言风格：运用多种修辞，细腻地刻画了时光流逝匆匆，语言优美。作者思想：借景抒情，抒发了作者对光阴流逝的无奈与惋惜之情。

活动三：略

学习拓展：略

第18课　爱护同胞

活动一：丰子恺在卢沟桥事变中，率领全家从故乡嘉兴逃难到湖南湘潭，直至1945年抗日战争胜利。表达了作者对民族解放的激动之情，对革命先烈的敬仰和对祖国的强烈自豪感。

活动二：略。

学习拓展：略

第19课　劳者自歌

活动一：绝对的大小就是实际尺寸，如“一川碎石大如斗”，用尺去量碎石，如同斗一样大；比较大小就是远近法的大小，即距离的远近与物的大小成反比例。可知这两种看法，前者是固定的，后者则因距离的变化而变化。

活动二：略

学习拓展：略

第20课 梦二漫画

活动一：从竹久梦二的画与诗中寻找到了丰子恺画作的源头，也仿佛更懂丰子恺先生在历经人生磨难的艰辛岁月之间，他始终想留住人生“易碎”之美的童心，那是人类该有的初心 。梦二和丰子恺，虽未曾谋面，但他们选择用“童心”锁住芬芳易逝的人生“易碎”片刻，把美写入诗画 ，留给了世界。

比较竹久梦二的画作和诗意，丰子恺作品色彩相对朴素，更将中文语境与博大精深的中华文化融入到了他自己的创作之中，他的“诗配画”更加有韵味，也更让中国人有感同身受的触动。

活动二：略。

学习拓展

竹久梦二曾说过：“我想当诗人，但我的诗稿无法取代面包，有时候我以绘画的形式代替文字写诗。”竹久梦二的画，用简单的毛笔速写线条和甚至不画五官的表达手法 ，寥寥几笔的一幅画，不仅有造型的美感更有诗的意味。

第21课 漫画描法（一）

活动一：

2-21-1自然相时代；2-21-2古诗的时代；2-21-3社会相；2-21-4儿童相；2-21-5社会相；2-21-6儿童相。

活动二：

画家用简练概括的线条描绘了奶奶抱着孙子的画面，寥寥数笔，简练传神。

学习拓展

2-21-9写实法；2-21-10比喻法；2-21-11夸张法。

第22课　封面设计

活动一：用笔轻快、线条简练；构图巧妙、用色淡雅、装饰性强；字体古朴典雅、童趣盎然、气息舒朗、意境深远。

活动二：2种：文字与图像排版、文字与插画排版。

活动三：左边《春雨》这本诗集的封面中撑着大油纸伞的一男一女两个可爱的孩子，模仿痕迹相当明显，几乎是临摹梦二的漫画《呵护》。他的这种模仿又近似翻译，把两个穿着日本和服的孩童换上了中国服装，更具中国特色。而且用色淡雅，恰如一首优美的田园诗，与梦二的鲜艳色彩完全不同。

学习拓展：略。

第23课　钟表的脸

活动一：

活动二：我认为丰子恺先生会选择第二个时钟，因为丰子恺的时钟就是追求单纯、明快的，他曾说到："万般工艺美术，都跟了着潮流而趋向'单纯明快'，这时钟可说是其先锋之一。我赞美新式的时钟！"

活动三：略。

学习拓展

我更喜欢爸爸选择的时钟，简洁明了，免去了装饰的纹样，指示直接明了。符合丰子恺先生说的“单纯明快”。

第24课　丰子恺“书屋”

活动一：

示例：《子恺漫画》1926年开明出版社；《子恺画集》1927年开明出版社；《缘缘堂随笔》1931年开明出版社；《子恺小品集》1933年上海开华书局；《随笔二十篇》1934天马书店；《艺术趣味》1934开明出版社；《绘画与文学》1934开明出版社；《近代艺术纲要》1934中华出版社；《车厢社会》1935良友出版社；《艺术丛话》1935良友出版社；《西洋美术史》2010年开明出版社。

活动二：示例：

《丰子恺家塾课》宋菲君 华东师范大学出版社 32开 98元

活动三：略。

学习拓展

用版画形式制作藏书票，可参考以下制作步骤：画稿、雕刻—上油墨—覆纸后在背面用力磨压—小心地揭起，签上印数、姓名和时间，完成作品。

第25课　英雄贝多芬

活动一：主要体现在两个方面，一是作为音乐家却遭逢耳聋恶运，一是他创作的交响曲等主题表现他伟大的抱负。

活动二：略。

学习拓展：略。

第26课 油画博物馆

活动一：

	中国画	油画
绘画工具	毛笔、墨汁、宣纸、中国画颜料	快干性的植物油调和颜料
画布材质	宣纸（生宣、熟宣）、绢、帛	油画布（亚麻布）、纸板、木板
上色效果	色彩晕染，富有诗意	丰富、逼真的色彩

活动二：略。

学习拓展：

	《踏青挑菜》	《草地上的午餐》
构图	运用散点式构图以及中国画中留白的画法，整个画面给人以遐想。	采用了稳定的三角形，画面中间的三位人物与远处的女子及更远处的森林深处等，都可以构成纵深的三角形。
色彩	以水墨为本质，色彩清新、自然。	色彩浓重，运用了强烈的色彩和明快的平透色彩。
线条	线条简练，用笔流畅，寥寥几笔，入木三分。	不借助线条，以色彩造型为主。
明暗	单线平涂，无明暗效果。	光线强烈，具有很强的色感和光感，简化明暗层次，省略中间色，加强光影对比。
其他	画面清新，富有诗意，描绘了挖荠菜的情景。	整个画面把一次草地午餐描绘得愉快、闲适、随意、自然。

第27课 外光描写的科学的实证

活动一：略。

活动二：略。

学习拓展：保罗·西涅克是法国新印象派点彩派创始人之一，生卒于巴黎。西涅克的作品富于激情，善用红色作为基调，色彩鲜明和谐，使远近产生秩序感。代表作有《菲尼翁肖像》《圣特罗佩港的出航》《马赛港的入口》等。

作为伟大的航海家，西涅克游历和画下了法国所有的港口，他还驾驶帆船从荷兰一直航行到科西嘉岛。画家把它们按照光谱上的顺序排列起来，减弱着相邻的颜色，尽可能地建立起它们的色阶顺序。一系列笔触把它们排列在画布上，恰好与该部分的固有色，光线的颜色，这种反光的颜色相符。这些成分的重叠和排列保证了色彩的变化，颜色的单纯保证了清新，光学混合保证了明亮。和色素混合相反，一切光学混合都倾向于明亮。

第28课　谈中国画

活动一：略。

活动二：点睛：特别注重眼珠的描法。写意：不求工细，着意注重表现神态和抒发作者的意趣。

活动三：

《八十七神仙图》：白描，大量长线条表现出仙人的飘逸之感，巧妙运用长短对比、疏密对比的手法，使得人物彼此联系又区别开来，用线条来营造出画面处与空白处的对比。根根线条都表现了无限的生命力，如行云流水，充满韵律感。

《韩熙载夜宴图》：工笔重彩，作者通过对不同形体的姿态、目光手势的相应描绘，画中人物有的弹奏琵琶，有的挥手舞蹈，有的按拍欣赏，情态生动。作品线条流畅，色彩清雅。不同物象的笔墨运用又富有变化，尤其敷色更见丰富、和谐，仕女的素妆艳服与男宾的青黑色衣衫形成了鲜明对照。

《李白行吟图》：写意画法，作者在画诗人身躯时用笔粗放遒劲来突出李白的狂放，但又不轻浮；用轻盈流畅的笔力画诗人的头部，诗人昂首嬉笑吟行，是傲岸而不骄横。虽然只用寥寥数笔，却画出李白飘飘欲仙、冉冉欲举的形象，用笔特点泼辣简括，突出诗人的性格。

学习拓展：略。

第29课　丰子恺故居

活动一：略。

活动二：略。

学习拓展：略。

第30课　透视法

活动一：略。

活动二：示例：

学习拓展

2-30-3：图中的人物及课桌椅、门框都用了近大远小、近实远虚的透视原理，近处的人表现得较大，较细致，远处的人较小也比较的简洁，画面具有纵深感。

2-30-4：画面中近处的山石刻画细致、线条刚劲有力，远处的山线条虚化，寥寥几笔，体现了近实远虚的透视原理，同样，图中的人物也运用了近大远小的透视原理。

2-30-5：这幅漫画的纵深感很强烈，一所房子和简单的几块石头就表现了近高远低、近大远小、近疏远密的透视变化。

第31课　植物写生

活动一：构图：完整、饱满。用笔：简约、有书法笔意。用色：色彩清新，活泼，用的最多的颜色就是红色、绿色和黄色和蓝色，这些颜色都是比较显眼和明亮的颜色。

活动二：略

学习拓展：略。

第32课　扇子的艺术

活动一：略。

活动二：略。

活动三：略。

学习拓展：略。

第33课　五年画成的笑颜

活动一：略。

活动二：材料一是描写，着眼于人的感受；材料二是说明，着眼于科学解释。

学习拓展：略。

第34课　贫乏的大画家——米勒

活动一：劳作的情景。

活动二：米勒生平（家庭背景）：1814年10月4日，弗朗索瓦·米勒出生在法国诺曼底海岸不远的格鲁西村庄里，家境不富裕。时代背景：商用裸体装饰画流行。生活环境：不富裕，养育5个孩子。创作历程：1849年7月回到了农村。此后的27年，是米勒一生中创作最为丰富的时期。许多法国人民家喻户晓的名画作品《播种者》(1850)、《牧羊女》(1852)、《拾穗》(1857)、《晚钟》(1859)、《扶锄的男子》(1863)、《喂食》(1872)、《春》(1873)等，都是在这里完成的。他从不虚构画面的情景，每一幅画都是从耕耘、放牧、劳动、生活着的法国农民的真实生活中来的。

活动三：略。

第35课　用线画人物

活动一：

《朝元仙仗图》中的线条勾勒看起来奔放有力，实则从构图、人物安排、物象聚合到线条组织都显示出“平”和“匀”的特点。对于复杂重叠的衣褶采用了“铁线描”的手法勾勒，画中线条严谨、简练、流畅，有的线长达几米。线条长垂流畅，飘飘欲举，如有风吹拂，生动地表达了队列进行中的动感；而人物的面部和头发的线条又变得柔和，纤柔曼妙，如同游丝，与衣纹的铁线形成对比，既表现了不同质感，又使画面具有丰富的线条美。面部表情能用各种不同的线来表现，眉眼特别有神，皱眉肌的变化，以及眼与其他各部的关系处理得准确巧妙，从而使同样严肃的面孔上显示出各种不同的个性。

活动二：

亨利·马蒂斯的线条看似随意，长短不一。实则高度简练概括，充满跳动的节奏感。

活动三：

丰子恺以毛笔勾勒黑白线条，单线平涂，用笔流畅，线条简练，民间色彩浓。特别的是，丰子恺的作品大都不画出脸上五官的表情，而是让看画的人自己推想，引人思索，这成为了丰子恺人物画的一大特色。

学习拓展：略。

第36课　风景写生

活动一：略。

活动二：略。

活动三：略。

学习拓展：略。

第37课　展示设计

活动一：略。

活动二：略。

活动三：略。

学习拓展：略。

第38课　竹

活动一：略。

活动二：丰子恺的竹用笔简约纯朴，用墨色勾线后用青色着色。文同、郑板桥的竹子多为墨色，更写实厚重一点。

活动三：略。

学习拓展：略。

第39课　照相与绘画

活动一：照相与绘画是两个不同的艺术门类。相同点是都属于艺术，都是通过画面来表现的。

不同点有：摄影是用机器记录画面，通过光学原理产生的镜像，或者说影像。机器是没有主观意识的，所以这个画面就是物体本身的一个影像，就像镜子里的图像一样。不过制作和操作机器的人是有思想意识的，所以摄影作品不一定会像镜子的图像一样接近物体本身的面貌。但是摄影师可以通过特殊的镜头和拍摄技巧以及后期加工制作，做出各种不同的特殊效果，甚至可以做出手工绘画的感觉。

活动二：略。

学习拓展：略。

第40课　丰子恺书法艺术（一）

活动一：张猛龙碑：方形起笔，线条挺立；欧体：用笔圆正，结构严谨；颜体：用笔浑厚，结体宽博，多力筋骨；丰子恺书法：用笔劲健，楷行并用，古朴纯正。

活动二：丰子恺的书法艺术源于魏碑，得到经子渊、夏丏尊、李叔同、褚申甫等名师的指导，受到《张黑女墓志铭》《爨宝子》《张猛龙》等碑帖的深刻影响，将魏碑与“二王”行书有机结合，形成了严谨不失活泼、凝重寓含灵动的书法艺术风格。

活动三：用笔凝练洒脱，起笔处方中寓圆，行笔劲健有力，收笔刚毅果断，吸收了弘一法师和魏碑书法中用笔和结字，形成了独特的个人书法艺术风格。